剩余控制权对中国制造业企业海外并购绩效影响研究

许越　著

中国金融出版社

责任编辑：吕　楠
责任校对：孙　蕊
责任印制：丁淮宾

图书在版编目（CIP）数据

剩余控制权对中国制造业企业海外并购绩效影响研究／许越著 . —北京：中国金融出版社，2022. 10
　ISBN 978-7-5220-1781-5

　Ⅰ.①剩…　Ⅱ.①许…　Ⅲ.①制造工业—企业兼并—跨国兼并—经济绩效—研究—中国　Ⅳ.①F426. 4

　中国版本图书馆 CIP 数据核字（2022）第 189003 号

剩余控制权对中国制造业企业海外并购绩效影响研究
SHENGYU KONGZHIQUAN DUI ZHONGGUO ZHIZAOYE QIYE HAIWAI BINGGOU
JIXIAO YINGXIANG YANJIU

出版
发行　中国金融出版社

社址　北京市丰台区益泽路 2 号
市场开发部　（010）66024766，63805472，63439533（传真）
网 上 书 店　www.cfph.cn
　　　　　　　（010）66024766，63372837（传真）
读者服务部　（010）66070833，62568380
邮编　100071
经销　新华书店
印刷　北京九州迅驰传媒文化有限公司
尺寸　169 毫米×239 毫米
印张　9
字数　166 千
版次　2022 年 10 月第 1 版
印次　2022 年 10 月第 1 次印刷
定价　89. 00 元
ISBN 978-7-5220-1781-5
如出现印装错误本社负责调换　联系电话(010)63263947

前　言

　　科技革命带来了世界经济结构的变革，也带来了全球生产组织范式的根本性改变。以全球价值链为特征的分工模式已经主宰了当前的经济全球化进程和格局。作为全球价值链上重要一环的中国经济，从早期的代工生产到如今的海外并购、国际外包，中国制造业通过国际生产经营融入世界生产网络，分享全球价值链收益，已经在世界占有重要一席。

　　近年来，我国企业海外并购的数量和规模不断增加，海外并购的重大案例也层出不穷，从联想收购 IBM 的个人电脑业务到吉利收购沃尔沃，再到中海油收购加拿大尼克森石油公司，无一不引起世界的关注。然而中国为世界制造业贡献了 60% 的产出，却只获得了 20% 的全球价值链增值收益，同时我国企业海外并购案例中结果未达成并购目标的例子屡见不鲜。因此，研究全球化生产网络中我国制造业企业的海外并购绩效的提升，我国制造业企业参与国际分工以及国际化生产的模式决策，对国家经济发展、战略实施具有重要理论研究价值与现实意义。

　　本书从相关概念出发，以不完全契约理论与国际贸易结合的文献为起始，延伸到集中于剩余控制权研究的具体文献，最后落脚于制造业企业海外并购绩效的相关研究，对制造业企业国际化生产的理论与实证研究进行了文献梳理。同时结合我国企业海外并购的现状及特征提出了我国企业海外并购时存在的问题。从中获得了研究思路。第一是在国际化生产的分析框架中构建一个以次序生产为主要特征的连续生产函数以建立理论模型；第二是将不完全契约下的剩余控制权置入制造业企业的决策分析中；第三是构建产业层面的影响因素实证检验；第四是建立以微观数据为基础的剩余控制权对海外并购绩效影响的实证检验模型，最终得出本书的结论。

由此，可以将本书概括为，以不完全契约下的企业参与国际化生产过程中可掌握的剩余控制权为着眼点，试图从该角度剖析并研究制造业企业的产业特征对我国企业海外并购绩效带来的影响。同时，以我国制造业企业的剩余控制权对其海外并购绩效产生影响的理论机理为基础，通过实证研究分析剩余控制权对并购绩效的具体影响途径和决定影响结果的因素，并对理论分析的结论提出了有效解释。本书内容与结论归纳如下。

理论研究部分，本书基于全球价值链及不完全契约理论，构建了剩余控制权对企业提升绩效的生产模式决策影响的理论模型。模型刻画了剩余控制权通过提升企业在国际贸易中的最优议价份额，进而影响海外并购企业投资效率的传导路径，并得出了剩余控制权对投资效率存在正负两方面的影响。本书将理论模型与现实中我国制造业企业海外并购面临的制度背景相结合，并且把产业契约密集度和地区契约质量纳入考虑，提出了剩余控制权对我国企业海外并购绩效影响的整体理论框架。理论框架指出，剩余控制权通过提升企业在契约中的最优议价份额进而影响企业海外并购绩效。剩余控制权对海外并购绩效存在正负两方面的影响，具体的影响结果由企业自身特点和所在产业特点决定。

在实证研究部分，本书基于不完全契约理论建立了数理模型，并使用2001—2011年我国总体国际贸易数据对数理模型的主要结论进行了产业层面的验证，得出了与理论预测相符的实证结果。此外实证研究还得出了产业的契约敏感度不同显著影响了并购决策，为微观层面的契约问题讨论做出铺垫。本书利用2005—2014年我国制造业企业海外并购的样本数据，研究了剩余控制权对我国制造业企业海外并购的市场绩效的影响。在控制了其他影响因素的前提下，通过引入交叉变量的方法，分析了上游度及进口需求弹性对海外并购绩效产生影响的途径和影响效果的决定因素。其中在产业契约敏感度变量之外，又加入了地区契约执行效率变量进行实证分析，并深入讨论了企业在参与国际生产过程中面临的与契约特征有关的影响因素。

通过上述研究，本书得出如下的结论：

（1）在理论模型中，本书使用产业的上游度指数决定制造产业的生产阶段、使用产业的进口需求弹性与产品替代弹性的相互关系决定制造业的产业特征，两者共同决定了产业在国际生产中是否掌握剩余控制权，以此对目标提升绩效的制造业企业参与国际生产决策产生重要影响。

（2）本书对剩余控制权与提升制造业企业投资效率的企业决策关系的实证研究得出，在掌握剩余控制权的制造业产业中的企业参与国际化生产时会为追求投资效率而更多采取国际外包的方式。同时在不掌握剩余控制权的制造业产业中企业追求投资效率会更多采取海外并购的方式。在此结论下，本书通过验证2005—2014年我国制造业企业海外并购案例得出剩余控制权降低了并购企业的投资效率从而降低了企业的海外并购绩效。

（3）剩余控制权影响海外并购绩效的结果由外部制度环境和产业自身特征决定，企业外部制度环境和产业自身特征的不同，将改变剩余控制权对企业海外并购绩效的影响结果。通过分组回归，本书进一步分析了影响剩余控制权与海外并购绩效关系的其他因素。研究结果表明，并购方为非国有控股企业、高契约执行效率的项目中，剩余控制权对海外并购绩效的影响作用更为显著。

最后，根据以上研究内容和研究结果分别从企业决策与政策引导两方面提出了以下几点建议。在企业决策方面包括：在全球价值链升级的背景下，企业在做出决策时应针对自身所在制造业产业特征进行充分考虑，特征主要包括所处的产业链位置、生产产品在市场中的弹性特征、所处产业对于契约的敏感程度等。在政策引导方面包括：制定政策引导完善契约的执行效率，政策引导企业充分认识自身所处产业特征与参与国际生产的关系等。

综上所述，本书通过采用理论结合实证的研究方法，将"剩余控制权"与"海外并购绩效"两个跨国企业研究中的热点问题结合在了一起，为实证分析剩余控制权对我国制造业企业海外并购绩效的影响提供了一种可供借鉴的研究框架。本书在丰富了相关研究理论与方法体系的同时，有助于政府更加客观地评估我国制造业企业现状，制定更加合理的引导政策，对新时代推动我国制造业企业"走出去"、构建国际贸易经济发展新动力有所助益。

本书为江西理工大学科研项目"不完全契约理论下制造业企业海外并购决策与经济绩效研究"的研究成果。

许　越
2022 年 9 月于江西理工大学

目　录

1 绪 论

1.1 研究背景及意义

1.1.1 研究背景

2020 年 7 月，习近平总书记在亚洲基础设施投资银行第五届理事会年会上指出：企业家要立足中国，放眼世界，提高把握国际市场动向和需求特点的能力，提高把握国际规则能力，提高国际市场开拓能力，提高防范国际市场风险能力，带动企业在更高水平的对外开放中实现更好发展，促进国内国际双循环。同年 8 月，习近平总书记在全球服务贸易峰会的致辞中再次强调：在新冠肺炎疫情长期化、防疫常态化背景下推动经济复苏增长，对各国都是一个重大课题。中国将继续深化改革，全面提高对外开放水平，推动形成国内国际双循环相互促进的新发展格局。

改革开放 40 多年来，中国经济保持着持续、快速的发展态势，经济取得了举世瞩目的成就，这为中国企业尤其是制造业企业进行海外并购奠定了坚实的基础。进入 21 世纪后，经济全球化与新一轮科技革命和产业革命浪潮汹涌，经济体之间的并购活动的规模和影响越来越大。国际金融危机在近十年间对全球经济产生了持续而深远的影响，多个引领世界的经济体的经济发展在不同程度出现波动和下滑，因此各经济体当局出台了一系列的刺激政策和救济措施。这对中国跨国企业海外并购，无疑是机遇又是挑战。由于实体经济遭受严重冲击，大量企业经营困难，甚至处于破产的边缘，为保证企业的可持续发展，各经济体政府和企业都希望通过引入境外投资者，为企业提供资金支持。由于全球经济整体下滑，引发资产价格普遍大幅下降，为并购交易节省了大量成本；同时，各经济体当局为遏制下滑，促进发展，采取放宽对外部投资限制的措施，这对中国企业海外并购是绝好的机遇。

2014 年以来，在人民币国际化和"一带一路"倡议的背景下，中国逐渐从资本引入国向资本输出国转变。中国企业海外并购的数量和规模增长迅猛，并购交易金额一次次打破纪录，在 2016 年到达最高点。然而，伴随着全球经济环境的变化，近年来并购交易金额又逐步回落，2019 年，我国企业海外并购的总金额同比下降 37%，落回 2015 年前后的水平。我国企业海外并购势头强劲，加入 WTO 后的中国制造业企业积极参与国际化生产网络。随着经济全球化的发展，中国制造业企业在全球价值链中的位置也在稳步攀升，其中提升的重要方式就是进行海外并购，通过并购的方式，中国企业实现了从价值链的从属角色向价值链的主导角色的转变。中国制造业企业并购浪潮席卷世界带来的成果具体表现在：资源禀赋市场条件的逆转，资金持续大量地走出去，企业规模的不断壮大，政策环境不断放宽等。不仅要"请进来"，还要"走出去"，这是新时期国家经济能够保证稳定健康向前发展的必然要求。但是就目前中国的整体环境来看，中国企业的跨国并购还存在很多局限，例如，国内的跨国并购立法体系尚不完善，国有制和国有股权控股及治理结构的缺陷，企业对产业特点结合自身特点的认识不足，等等，以上种种都限制了中国企业跨国并购的发展。

企业海外并购是快速积累资本、占有资源、扩张市场的重要途径。同时，企业海外并购也是以市场为导向的商业行为，在可观的预期效益下潜伏着巨大的风险。并购交易的对象是集技术、人才、设备及市场为一体的动态资产，其可变要素给并购交易带来了各种难以预测的风险。

本书基于不完全契约理论的背景讨论制造业企业海外并购的问题，企业的海外经营涉及国际生产组织结构、公司内贸易、跨国外包、价值链等问题，因此，它包含了更为广泛和复杂的贸易活动。如果契约是不完全的，就会对国际生产组织活动，进而对国际贸易产生影响。对本书产生最直接影响的是 Antras 等（2015）在 Antras 和 Chor（2013）的基础上，构造的产权模型，在这个模型中，企业生产过程的组织方式由生产的阶段和在价值链的位置决定，具体内容在后文中详细展开。

综上所述，目前中国企业尤其是制造业企业正处于利用海外并购扩张与发展的良好机遇与巨大风险并存的现状之下，本书将在全球价值链理论的基础上，沿着不完全契约理论的研究路径对制造业企业海外并购的绩效的影响因素进行理论与实践结合的深入研究。

1.1.2　研究目标

现代信息和通信技术的革命，大幅地削减了人为和自然的贸易壁垄，使得世界经济结构、全球生产的组织形式发生了根本性地变革，以全球化生产网络为特征的分工模式已经主宰了当前的经济全球化进程。原本局限在一国内部的产品的工序性生产被分割成若干高度专业化的生产任务分散到世界各地来进行；原本在跨国企业内部完成的生产与贸易行为也部分地被各种外部化的契约生产所取代；企业的对外直接投资替代了传统贸易成为世界经济增长的主要动力；跨国企业传统的垄断优势、所有权优势逐渐演化为在全球价值链上的竞争优势；由国际贸易、对外直接投资和国际外包共同决定的复杂网络联系替代了传统的由进出口贸易决定的简单线性联系。全球化生产网络不仅改变了产品的生产方式，同时改变的还有贸易和投资的边界、模式，以及服务、资本、专有技术的流动及其内在联系机制，甚至有学者认为全球化生产网络改变了传统研究中关于经济全球化的思考，从而形成了一种全新的经济发展范式。

跨国企业国际生产形式的变革带动了跨国企业理论的新发展，因此本书在理论层面上将从相关概念界定、理论模型、经济解释三个层次为这种变革和发展探寻理论上的解释和分析。本书旨在通过建立一个逻辑统一的数理模型框架，从微观角度研究全球背景下制造业企业的国际化生产模式选择，把握全球化垂直分工下的一体化并购与国际外包的内在形成机制的一般规律，为建立逻辑统一的研究框架做出有益尝试。

作为全球生产网络中重要一环的中国经济，其融入并影响全球经济的深度和广度正在不断的扩展。中国经济走向全球化之路始于制造业，从早期的代工生产到如今的对外直接投资，中国制造业已经在世界经济地位中占有重要一席，并有以华为、联想为代表的一大批具有技术、资本和产品优势的中国制造业企业走出国门，通过国际生产经营融入世界生产网络，分享全球化带来的收益。但与此同时，中国为世界制造业企业贡献了60%的产出，只获得了20%的全球化生产增值收益。越来越多的中国制造业企业面临着国际化生产的模式选择和价值链攀升问题。发达国家跨国公司的国际生产之路对我国制造业企业的"走出去"有无借鉴意义，经典的国际生产选择路径对我国制造业企业是否有示范作用，在政策上又有哪些启示，这些都是本书将要关注的问题。因此在实践层面上本书一方面将利用产业层面及微观层面的数据对数理模型进行实证检验；另一方面将为我国制造业企业国际化生产投资战略的制定，以及参与全球化竞争与价值链攀升提供战略建议，并对我国外贸政策与外资政策的调整和完善提供理论支持，为我国制造业实现产业升级和可持续发展提出现实可行的政策主张。

1.1.3 研究意义

跨国并购中的大量企业被一个问题绊住了脚步，国内外学者通过实证研究发现，约70%的并购并未给股东创造价值。也就是说，这些并购是低效率的，结果也是不成功的。尤其是在转轨中的新兴市场国家企业，由于多方面的原因，如经营稳定性差、技术创新能力和市场适应能力不强及并购整合经验不足等，失败的比例更高。因此，当前研究应该重点解决的是如何让海外并购合理有效，以实现企业盈利或战略扩张目的的问题，下面从现实与理论两方面阐述本书的意义。

现实意义方面，从宏观角度来看，改革开放以来，我国的外汇储备越来越充足，但这直接意味着人民币面临着很大的升值压力。根据国家外汇管理局公布的数字，2018年8月末，我国外汇储备规模为31097亿美元。我们面临着严峻的现实是，改革开放以来，我国经历了几次人民币改革，人民币已经累计升值近15%，同时外汇储备中美元占比高达70%。因此，在海外投资中保持外汇的保值增值变得尤为重要。自2007年以来，中国的宏观政策已经允许中国企业参与海外收购，这一政策落实到位后，国内的实体经济必将得到良性发展，中国的产业结构也会得到良好的优化。因此本书在前人研究成果的基础上，希望为国家宏观经济政策提供一些建议，确保中国企业走出去的顺利开展。从微观角度来看，海外并购将提高中国企业的国际化，尤其是制造业企业通过海外并购，可以有效整合国际市场的信息，获取技术资源，降低国际贸易壁垒，以此来提升我国的国际竞争力和影响力。但是，海外并购不是单纯的收购整合，中国制造业企业的全球生产组织形式选择也不是一成不变的。因此，本书希望在分析现有案例资料的基础上，总结出中国制造业企业在海外并购中的特点，进而针对我国的实际情况对企业和政策提出一些建议，在实践中有效提升我国制造业企业的海外并购效率。

理论意义方面，海外并购活动关乎企业未来的发展方向，是上市公司立足企业发展战略做出的重大决策，涉及金额大，风险多样，操作复杂，因此成功实施海外并购活动对企业发展尤为重要。然而作者发现，跨国并购领域的研究，多针对并购财务绩效展开，对于制造业企业在全球价值链背景下的并购升级的研究相对薄弱。我国企业海外并购交易量和交易规模均大幅上涨，预计未来较长一段时间，海外并购增长仍是主流态势。本书的理论意义即在于如何从理论上提出提高我国制造业企业的海外并购成功率的有效路径。

本书在不完全契约理论与全球化垂直分工生产网络背景下研究并购绩效，同时深入研究剩余控制权与并购绩效的关系，丰富了并购绩效分析的理论研究，对当前中国制造业企业在海外并购中实现战略目标，把握并购成功关键，选择并购路径具有理论指引意义。

1.2 相关概念界定

1.2.1 剩余控制权的概念

剩余控制权的概念起源于新制度经济学家 Grossman、Hart 和 Moore（1990）在不完全契约企业理论基础上对一体化问题的研究。他们认为，在企业这种复杂的契约结构中存在两类权利：一类是特定控制权，另一类是剩余控制权。如果对这些剩余控制权加以明确的界定，则必须花费在契约各方看来都不划算的交易费用，以至于在事前的契约中不对它们进行明确规定。这种剩余控制权由企业家掌握，便成为企业家对企业的一种所有权。Hart（1995）将剩余控制权定义为可以按任何不与先前的合同、惯例和法律相违背的方式决定资产所有用法的权力。

剩余控制权的决定因素是契约的不完全性，而不完全契约产生的原因，仍然是契约理论研究的前沿领域。Hart（1995）认为有三个原因导致了契约的非完全性：对于复杂性世界难以预料到的各种偶发事件；各种偶发事件可能难以用语言描述；契约执行的外部权威（如法院）可能很难完全理解签订或执行契约的各种背景而履行其职责。Hart 和 Moore（1998）强调，契约非完全性的根本原因是相关变量无法由第三方证实，与传统缔约人有限理性造成的契约非完全性相比，契约第三方的有限理性同样导致了不完全契约的存在。如果用 C 表示契约中的控制权，RC 表示剩余控制权，DC 表示特定控制权，x 表示契约的不完全程度，则可以得到等式：$C = RC(x) + DC$。特定控制权是契约明确规定的权力，在契约或制度存续期内是相对稳定的，其行使边界也是明确的。由于剩余控制权是指在契约中没有明确规定的决策权，或者是契约各方理解不一致的权力，没有先例可循的处置突发事件的权力，因此，剩余控制权的范围与契约的不完全程度成正比，契约越不完全，剩余控制权的范围越广。

1.2.2 海外并购绩效的概念

海外并购（Overseas Merges 和 Acquisitions），指一国企业为达到某种目的，买下另一国企业一定份额的股权甚至全部资产或股份，从而对后者的经营管理实施实际的或完全的控制（廖运凤，2006）。海外并购一般涉及两个或两个以上国家的企业，包括并购方企业和被并购方企业，前者所在的国家称为并购方母国，后者所在国家称为东道国。本书的"海外并购"是指中国内地企业作为并购方对中国内地以外的企业实施的并购。

对海外并购绩效的研究一般包括海外并购对并购方企业产生的影响、对被并购方企业产生的影响，以及从总体角度来看并购能否创造"1+1>2"的效果等不同的角度。本书所指的"海外并购绩效"，是指从并购方的视角来看，海外并购为并购方企业带来的变化，或者说海外并购能否为并购方股东创造价值。

1.3 研究设计

1.3.1 研究思路

本小节对本书拟开展的研究工作及所遵循的研究框架与研究思路分步进行阐述。主体研究结构框架如图1-1所示。

第一步，结合企业海外并购的理论与现实背景，通过对现有研究文献的整理与综述，确立本书的研究目标并提出本书的研究视角及本书的创新与可拓展之处。

第二步，在全球化垂直分工生产网络背景下，以不完全契约理论为支点，在已有研究的基础上构建本书的理论模型，同时提出剩余控制权对我国制造业企业并购绩效的影响机理，进行实证检验。

第三步，在产业层面对影响机制进行实证检验，进一步拓展理论模型，通过微观层面的原始并购样本数据进行收集与处理，对绩效影响的关键参数进行测算，引入更多与中国制造业企业相关的变量构建计量模型，进行实证研究以验证本书的假设。

第四步，对理论与实证研究的结果做出分析并总结，得出中国制造业企业海外并购绩效提升的相应对策，同时帮助中国制造业企业参与全球化及价值链攀升做出政策建议。

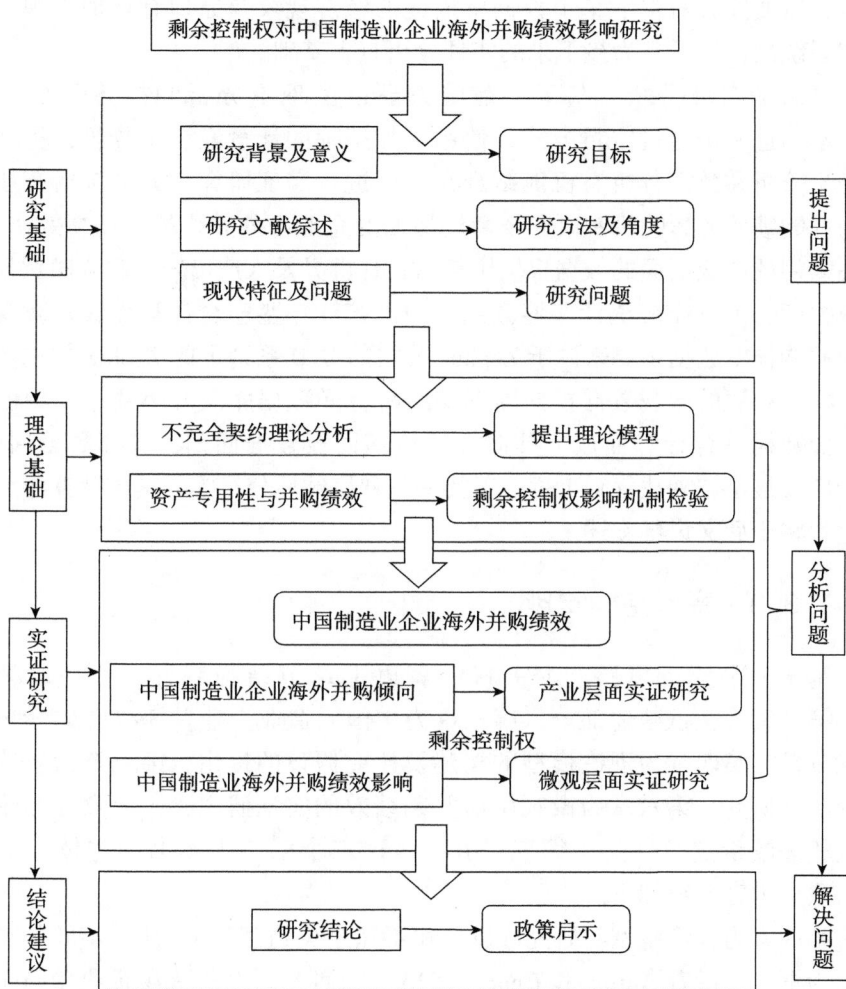

剩余控制权对中国制造业企业海外并购绩效影响研究

研究基础 → 研究背景及意义 → 研究目标

研究文献综述 → 研究方法及角度

现状特征及问题 → 研究问题

提出问题

理论基础 → 不完全契约理论分析 → 提出理论模型

资产专用性与并购绩效 → 剩余控制权影响机制检验

实证研究 → 中国制造业企业海外并购绩效

中国制造业企业海外并购倾向 → 产业层面实证研究

剩余控制权

中国制造业海外并购绩效影响 → 微观层面实证研究

分析问题

结论建议 → 研究结论 → 政策启示

解决问题

图 1-1　主体研究结构框架

1.3.2　研究方法

首先是理论模型的建立及分析，本书以 Antras（2013）的模型为基础，在不完全契约理论下从产权视角（GHM）建立数理模型，研究了不完全契约下制造业企业在参与全球化垂直分工中是否掌握剩余控制权对企业海外并购绩效的影响，具体分析方法包括局部均衡分析和比较静态分析。

其次是数据描述统计分析，本书基于现实并购数据，为了更好地使用这些数据，在做系统的实证分析之前，本书对数据首先进行了描述性统计分析，以便读者对本书基于数据所描述的经济现象及原理有更加直观、清晰和系统的认识，并为接下来的实证分析打下基础。

最后是实证分析，基于之前的数理模型理论分析和描述性统计分析，本书进一步通过定量方式，使用更加精确的计量经济学分析，将之前的理论分析和数据分析有机地结合在一起进行实证研究，其中包括产业层面的并购绩效的影响机制研究及微观层面的企业海外并购的市场绩效研究。本书采用的产业层面的数据根据历年 WIOD 世界投入产出表、联合国贸发会议数据库、工业经济统计年鉴数据、中国统计年鉴整合计算而成。微观层面的并购样本数据主要来源于 Zephus 公司的 BvD 系列下的 Zephyr 并购数据库。样本相关的微观数据根据国泰安经济金融数据库及万得数据库中的企业层面数据整合计算而成。具体方法包括面板数据回归、基础数据回归、可行广义最小二乘法（FGLS），以及一系列稳健性分析等，具体计算与分析的过程将于后文详细叙述。

1.3.3　章节结构安排

基于上述分析思路，本书将沿着以下章节结构展开，第一章为导论，第二章为文献综述部分，第三章为中国制造业企业及海外并购绩效的现状分析，第四章为理论模型的构建及研究假设的提出，第五章为影响机制的实证研究，第六章为微观层面并购绩效的实证研究，第七章为结论总结及相关政策建议。其中第四、五、六这三个章节为本书的主体核心部分，重点内容介绍如下。

第四章为理论模型与研究假设，在不完全契约理论下，以 GHM 的产权视角为框架，沿着 Antras 和 Chor（2013）的研究，以制造业企业参与全球化生产网络中的投资效率问题为核心，推导理论假设，构建了一个以最优议价份额分配决定的剩余控制权为基础的理论模型并提出研究假设。同时以理论模型结合已有研究及现状背景推导出制造业企业海外并购绩效的影响机理，最后进行基于并购绩效的影响机理实证检验。

第五章为剩余控制权对产业层面的并购倾向的影响研究，采用产业层面的面板数据，以理论模型及假设为基础，研究剩余控制权与我国制造业企业海外并购的倾向选择的关系。其中核心解释变量剩余控制权由产业的三方面特征决定，也即本章的三个核心解释变量，分别是产业上游度指数、产业的需求弹性及产业的契约密集度，在对理论推导做出实证检验的同时，引出下一章节的微观层面实证研究。

第六章为剩余控制权对海外并购绩效的影响，与第五章的研究呈递进式关系。本章是在第五章验证的基础上，对理论假设的进一步实证研究。本章以我国制造业企业 2005—2014 年发生的实际海外并购事件为研究对象，以并购事件产生的短期及长期市场绩效为被解释变量，试图深入探寻剩余控制权与海外并购绩效的关系。其中核心解释变量又在产业契约敏感度基础上引入地区契约执行效率的变量，进而丰富了核心解释变量剩余控制权的内涵及其解释力。

1.4　可能的创新点

本书基于不完全契约理论，从企业参与全球化垂直分工的过程中的并购倾向问题入手，分析了不完全契约导致的剩余控制权分配问题对制造业企业海外并购绩效的影响，试图解释什么决定了制造业企业在国际生产网络中能够承接更多的垂直专业化生产，以及更复杂的专业化生产环节，而生产模式的选择应该遵循怎样的规律。以此为导向总结，本书的主要创新点有以下三点。

一是理论创新。与传统的贸易理论相比，本书放弃了把企业生产过程看作"黑匣子"的假设和对契约完全性的假设，从不完全契约的角度分析了制造业企业在全球化生产中的组织形式选择带来的企业投资效率问题，同时将企业在参与垂直分工时是否掌握剩余控制权纳入组织形式选择的重要指标。将企业组织形式选择与企业投资效率进行有效链接，为提升企业并购绩效给出了产业特征带来的影响因素，并且能够进一步解释现实国际贸易过程中的企业内部贸易、产品内贸易和中间品贸易比重日益增长的现象。

二是在并购绩效研究上的创新。大量的企业海外并购研究的着重点在于提升企业会计绩效的研究，而本书关注的重点在于最优企业生产组织形式带来的最优化的投资效率对企业并购绩效的影响。利用 Antras 及 Helpman 的已有研究中强调的不同产业的产品生产涉及的契约不完全性问题，着重分析不同产业中企业参与全球化垂直分工时自身所处的产业链位置，产业的契约密集度，产业的替代弹性，产品的需求弹性，所在地区的契约执行效率等一系列指标带来的组织形式倾向选择及对绩效的影响问题。

三是对现实解释的创新。凭借丰富的劳动力，较为完善的基础设施，广阔的市场和稳定的、不断进步的制度环境积极参与国际分工，FDI 与加工贸易在中国的出口乃至整个经济中有着非常重要的地位。但中国在参与国际分工的过程中也存在不少问题，如中国企业承接的国际业务往往比较低端、利润少、资源和环境成本高等。本书表明提升我国制造业企业海外并购绩效的核心问题，改善企业外部层面的所处制度环境，转变企业内部层面的参与全球化生产链策略，一方面能继续保持我国企业在现有世界经济格局下参与海外并购及外包的优势，另一方面能改善贸易和外资结构，以及企业的资源配置，从而提升我国制造业企业在全球价值链中的地位。

2 文献综述

2.1 关于不完全契约的研究

Grossman 和 Hart（1986）以及 Hart 和 Moore（1990）这两篇开创性的经典论文分别从合作博弈和非合作博弈的角度，通过建立严格的数学模型宣告了不完全契约理论的正式创立。自不完全契约理论提出以来，国内外学者从理论和经验角度，对不完全契约和国际贸易领域的相关问题进行了新的探索和拓展，不仅丰富了国际贸易理论的内涵，还从不完全契约角度为新兴市场经济国家的政策制定和企业的战略决策实践提供了经验支持。

本节的研究回顾将从不完全契约的角度出发，探讨契约摩擦和契约执行率对国际贸易的影响，因此所涉及的文献将主要分为理论研究与实证研究两个部分。一是理论上对不完全契约与传统国际贸易、跨国公司 FDI 及国际外包的价值链方式等国际贸易领域的问题研究，二是对基于国外数据与中国数据的实证研究进行的梳理与比较。

2.1.1 关于不完全契约与 FDI 的理论研究

1. 不完全契约与传统国际贸易理论

一是不完全契约对一国对外贸易的比较优势产生影响。比较优势贸易理论在更普遍的基础上解释了贸易产生的基础和贸易利得，在国际贸易理论中占重要地位。Costinot（2005、2009）分析了契约执行对劳动分工和贸易模式的影响，结果表明，在好的契约制度环境下，绝对生产力水平相应提升，同时带来更复杂产业的比较优势。Acemoglu 等（2007）分析了不完全契约和技术互补性及技术运用的关系，研究得出不完全契约减少了契约性和非契约性的投资并且抑制技术的选择，当中间投入品具有互补性的时候，影响程度更加明显，不同契约制度的国家间生产率因此产生差异，生产率的差异导致了内生的比较优势。Nunn（2007）分析了不完全契约对专用性投资的影响，当专用性投资是生产的必要条件时，不完全企业将导致投资不足，投资不足带来的效率损失根据产业内专用性投资的重要性不同而有所区别。因此，一个国家的契约环境可能是比较优势的重要决定因素。为了验证这一点，他构造了衡量不同国家契约执行效率，以及不同行业特定投资的重要性的方法，发现契约执行率高的国家专注于依赖特定投资的行业，在控制传统比较优势（资本和熟练劳动力禀赋）前提下，结论仍然成立。Aeberhardt 等（2014）研究了在契约不完全情况下，进口国更好的法律制度可以减轻契约摩擦。他们使用法国的企业数据，证明其模型结论。Araujoet 等（2016）的文章研究了在不完全信息的环境下，进口国契约的执行力度对出口企业的影响。研究结论表明，进口国家的制度质量高低决定该国契约执行力，契约执行力越高，对出口企业的贸易量和持续时间有正的影响。

二是不完全契约背景下的异质性企业研究：异质性企业具有不同的生产率，企业根据自身发展的需要在全球范围内寻求和配置资源，进而形成一体化的生产和组织方式，根据企业在行业中生产率水平的评估，决定企业是否有能力出口或去国外市场开展经营活动。Antras（2005）将传统的产品生命周期理论与 GHM 模型相结合，构建了不完全契约影响产品生命周期和组织形式演变周期的南北贸易模型。他指出，国际贸易中的契约不完全是阻碍生产过程在世界范围展开的主要原因，并导致产品周期的出现；契约的不完全性使得契约中很难明确规定和补偿研发活动，因此，研发中心和生产工厂之间不能签订一个可执行的契约规定购买中间品的价格。Antras（2014）将契约摩擦引入 Melitz（2003）的异质性企业贸易模型，企业和本地供应商或进口商进行签约有一定的契约成本，在放宽此条件后得出不完全契约会降低企业在一国市场中的销售利润的结论，提出改善契约制度的重要性；Antras 和 Foley（2015）等从分析国际贸易的融资条件入手，揭示了契约如何及为什么影响贸易。实证结果表明，当进口商位于一个契约执行力度较弱并且距离出口商很远的国家时，交易更可能使用现金预付或信用证支付条款。然而，出口商很少使用信用证。当进口商与出口商建立关系时，不太可能采用要求预付的条款。这样就减少了交易规模，可见契约不完全会阻碍国际贸易的发展。

总结以上研究，在国际贸易中不完全契约会对比较优势的形成造成影响，在比较优势产生的情况下呈现出企业的异质性，又由于不完全契约的作用使得异质性企业处于不同的产品生命周期内，在国际贸易开展时其承接的产业链分工也各异，并且研发与生产很难有效达成契约，最终在生产率不同的异质性企业进入国际市场中时，契约的不完全性导致的契约摩擦与契约成本抑制了企业国际贸易的利润。接下来文献的梳理将沿着上述分析脉络逐步展开。

2. 不完全契约与 FDI 的理论研究

按照货币基金组织的定义，对外直接投资（Foreign Direct Investment，FDI）是指一国的投资者将资本用于他国的生产或经营，并掌握一定经营控制权的投资行为。对外直接投资涉及国际生产组织结构、企业内贸易、国际外包、全球价值链等问题，因此，它包含于更为广泛和复杂的贸易活动。在不完全契约下进行 FDI 将影响企业的国际生产组织行为，进而影响国际贸易。

Antras 及其合作者将不完全契约理论加入 Helpman（1984）所规范化的垂直 FDI 模型，逐步演进出企业内生组织边界理论[①]。以 Antras（2003）为代表，研究企业全球生产组织模式选择问题，企业组织边界的确定需要解决在契约签订过程中的产权安排问题及考虑交易成本问题。下面将不完全契约下的 FDI 理论研究分为产权视角及交易成本视角分别介绍。

首先是产权视角的研究。Grossman 和 Hart（1986）以及 Hart 和 Moore（1990）的产权理论将企业定义为在共同所有权和控制下的一组资产，研究提出无论所有权结构怎样，在契约签订的过程中，双方必然会涉及专用性投资和"敲竹杠"（hold up）的问题，由于"敲竹杠"导致的专用性投资发生扭曲，在不完全契约下，无法实现完全的投资回报。那么最优的产权安排应把剩余控制权赋予在最终品生产中更为重要的一方，增加其事后分成和事前投资激励，以使"敲竹杠"问题导致的效率损失最小。因此所有权和控制权要合理分配以降低由于投资扭曲导致的利润损失。

Antras（2003）把 Grossman – Hart – Moore 关于企业的观点和 Helpman – Krugman 关于国际贸易的观点结合起来，建立了一个规范化的框架，特别地构建了一个不完全契约，企业边界的产权模型，然后将不完全竞争和差异化产品并入这个标准的贸易模型。同时引入 Melitz（2003）模型，围绕异质性企业与企业组织边界决策和区位决策问题进行了一系列研究。其中 Antras 和 Helpman（2008）得出的主要结论为总部服务可契约化程度的提高会增加企业外包的倾向，而中间品可契约化程度的提高则使企业更倾向于一体化。

---

① 企业选择完全在企业边界内部组织整个产品的生产还是选择将部分生产环节或中间业务外包给其他企业，即企业组织边界选择问题；企业选择在何地进行一体化投资或寻找外包合作伙伴，即区位决策问题。

Antras 和 Chor（2013）在 Antras（2003，2005）中的跨国公司边界产权模型的基础上引入了一个技术上的次序生产模式，只有中间品和所有组件从上游阶段都已交付，下一阶段的生产才能开始。事前的协议没有被绑定，企业和供应商对事后剩余的份额分配进行讨价还价，这个剩余是特定阶段生产出来的。模型主要解释生产的序贯性如何形成生产商和不同供应商之间的契约关系，以及不完全契约造成的剩余控制权在价值链上如何分配能使供应商得到最优的效果。

Antras 等（2015）又在 Antras 和 Chor（2013）的基础上，构造一个产权模型，在这个模型中，公司生产过程的组织方式由生产的阶段和在价值链的位置决定。运用 World Base 数据库的样本经验研究结果显示，与理论模型的预测相一致，公司在价值链的上游还是下游对供应商进行一体化与否，关键取决于公司面临的需求弹性的大小。此外，该研究还表明，一个企业将价值链中给定生产阶段进行内部化的倾向是由上游生产阶段的契约化相对下游生产阶段的契约化的难易程度决定的。

Antras 等（2015）的模型也表明，无论边际生产率和边际成本在价值链上是上升或下降，整合上游还是下游供应商的相对倾向仍然都由基准模型中的两个参数决定，价值链上的边际生产力和边际成本决定公司最终整合的最佳位置。直观地看，在生产过程中，上游投入品相对于下游投入品的可契约的程度高，企业更少地依赖组织模式，以抵销投资于上游的扭曲程度。因此，高的上游可契约化程度倾向于减少外包。最终品的需求是具有弹性的，投入品是不可替代的，当需求是没有弹性的和投入品是高的替代性的时候，他们往往选择一体化。

其次是交易成本视角的研究。Williamson 继承了 Coase（1937）的"交易成本"思想，并认为不完全契约导致的效率损失可通过市场、企业和官僚组织等的治理结构来解决。选择不同治理结构的原则是使交易成本最小化，不完全契约下的治理结构应该具有更多的行政命令，更弱的激励机制和更多的官僚特征。Grossman 和 Helpman（2002）构建的产业组织模型中，企业的最终品生产需要中间品投入，专业化分工的企业生产中间品的成本较低，但面临较高的市场搜索成本，以及契约不完全导致的"敲竹杠"问题。在这些条件下，均衡状态下的企业组织形式取决于企业的市场搜索能力、"市场厚度"（最终消费品的可替代性）及双方的谈判。契约效率的提高、契约环境的改善都将改进最终品生产企业的均衡。Grossman 和 Helpman（2003）则进一步将模型扩展到国际市场，分析了均衡状态下国际外包和 FDI 之间的关系。模型中假设企业只在北方设计和组装最终产品，南方以承接国际外包或 FDI 的方式生产零部件。国际外包相对 FDI 生产效率高，但存在不完全契约导致的扭曲（生产中间品的投资不足）。均衡状态下的企业组织形式取决于市场规模、双方的技术距离、契约环境、东道国供应商的生产效率和相对工资水平。

Acemoglu 等（2009）研究了关于金融发展、契约成本和垂直整合的程度之间的关系，给出一系列理论预测。发现越高的垂直整合的国家会拥有越高的契约成本和金融发展，同时高契约成本的国家更倾向垂直整合资本密集型行业。

总结产权视角与交易成本视角的异同，作为不完全契约理论分支，二者的共同点是认为因契约不完全产生的"敲竹杠"问题导致最终品生产商和中间品供应商的事前投资扭曲。二者区别是交易成本视角中将纵向一体化的成本和收益用固定的"治理成本"解释，认为一体化可避免因契约不完全导致的供应商专用性投资不足。而产权视角下则将一体化的成本和收益内生化，认为最优的所有权结构因投资不足导致剩余损失。而剩余控制权的归属非此即彼，因此一体化并不能使契约不完全问题得到完全解决。

2.1.2 关于不完全契约与 FDI 的实证研究

前文梳理了不完全契约理论在一国对外贸易与对外投资的不同影响，并且把视角缩小到企业层面，研究了不完全契约对企业决策的影响。究竟是进行垂直一体化还是外包，接下来本书将围绕企业国际贸易中的决策，梳理和总结关于不完全契约的实证方面的研究。

1. 基于国外数据的实证研究

Nunn、Trefler（2011）运用美国从 220 个国家进口的 5705 种商品的企业内和企业间的数据，分析美国企业内进口的决定因素。分别检验了 Antras（2003）、Antras 和 Helpman（2008）以及 Antras 和 Helpman（2004）所提出的两个预测，回归结果表明，不完全契约下总部投入相对于不完全契约理论下的供应商投入，垂直一体化的重要性得以提升。换句话说，只有不完全契约下总部投入影响公司的购买决定。首先，Antras（2003）表明，当美国总部公司提供了大量的不完全契约的投入时，投资不足被高的总部刺激降低。垂直一体化提供了这样的动机，因为它允许总部至少控制一定量的供应商的投入，即使双边谈判破裂。相反，当外国供应商提供大量的非完全契约的投入，外国供应商必须高度激励。这些通过外包完成；外包剥夺了总部对供应商的任何控制，并且加强了双边谈判中供应商的地位。在美国总部公司投入的份额方面，美国通过企业内进口的份额是增加的。Antras（2003）解释了所有的投入都是不完全契约的简化情况，Antras 和 Helpman（2008）允许输入的一部分可以契约化（另一种解释是，他们让所有的投入部分契约化）。Antras（2003）假设所有的输入都是非完全契约，在他的模型中重要的是总部投入相对供应商投入的重要性。然而 Antras 和 Helpman（2008）表明，当一些投资缩小的时候，它需要刺激不完全契约的投资。因此，重要的是不完全契约的总部投资相对于不完全契约的供应商投资的重要性。

Araujo 等（2012）研究契约执行在企业层面如何决定国际贸易。他们建立了一个模型描述代理商如何通过建立信誉来解决由于国际契约低执行率带来的问题。前面已经梳理了不同的制度如何构成一国的比较优势（Acemoglu 等，2005；Antras，2005；Costinot，2009；Cunat 和 Melitz，2011；Levchenko，2007；Nunn，2007）。许多文献也研究了契约摩擦如何通过企业边界影响贸易结构。不同的是，McLaren（1999）模型将公司关系建立在信任的基础上，而不是契约。在相似的分析上，Araujo 等（2012）研究了这种效应如何随着时间改变。他们试图解释在缺乏正式的契约制度时，非正式的合作联盟如何形成。他们运用 1995—2008 年比利时出口公司数据，采用两种实证方法，一种是使用公司年份固定效应控制随时间变化的公司特征，另一种是选用更加明确的两步 Heckman 模型，使用扩展引力模型变量。最后的实证结果表明，低质量的契约制度不能简单地认为是出口公司的沉没或固定成本，它也明显影响了公司的贸易量，对公司在国外市场的动态模式有多方面的影响。

2. 基于中国数据的实证研究

实际上，不完全契约在新兴市场经济和转型经济国家更为突出。中国作为最大的新兴市场经济体和国际贸易大国，为检验前文理论假说和发现新的经验支持提供了一个难得的研究背景。国内外学者也针对中国的制度契约和国际贸易关系展开了大量的经验研究，例如，Feenstra 等（2013）和 Wang 等（2014）采用中国跨省数据，更加细致地考察了契约实施制度对不同贸易形式和不同所有制企业的影响。他们的研究结果发现，在契约实施制度比较完善的地区，企业更加倾向专业化生产和出口契约密集度较高的产品；相对普通贸易（ordinary trade），契约实施制度对加工贸易（processing trade）的影响更大；相对其他所有制企业，契约实施制度对外资企业的影响更大。他们的实证研究结论支持了不完全契约所导致的出口差异和企业异质性问题，从而丰富了该领域的经验证据。

与此同时，国内学者也逐渐开始关注契约（包括制度）对中国国际贸易问题的影响。在检验契约或制度因素对出口影响方面，张杰等（2010）发现，在制度越是完善的省份，制度依赖型的行业越具有较高出口份额，并且无论是东部地区还是中西部地区，制度因素仍然都是影响行业出口差异的重要因素；在东部地区，资本禀赋是影响行业出口的重要因素；在中西部地区，劳动力禀赋是影响行业出口的重要因素；西部地区的劳动力禀赋对行业出口的影响效应似乎要高于中部地区，远高于东部地区。茹玉骢等（2010）则利用中国 19 个制造业地区外资净流入数据讨论了契约实施效率对外资区位选择的影响。他们发现，地区契约实施效率与产业专用性中间品使用密集度两个变量，显著地影响了外资区位选择。进一步地，茹玉骢和张利风（2011）又采用了中国 2006 年各地区分产业数据，从不同角度考察了契约实施制度对中国地区出口绩效的影响，研究结果也表明，契约实施效率是导致地区比较优势的重要因素，契约实施效率的改进是地区产业经济结构调整和地区之间经济协调发展的前提，有助于促进地区贸易结构的改善。李坤望和王永进（2010）则以中国各省份 28 个产业数据为样本，检验了契约执行率对出口贸易的影响，实证结果表明契约执行率高的地区更倾向于专业化生产和出口契约密集度较高、物质资产专用性较强和人力资产专用性较弱的产品。熊俊和吴小康（2014）将契约制度对出口的影响分解为集约边际、扩展边际和质量边际。研究发现契约制度好的国家在契约密集型产业进入出口市场的概率更高，出口的产品种类更多，每种产品的平均出口数量更多，出口质量更高。

在契约与比较优势关系方面，黄玖立等（2013）以中国的经济特区为例考察了契约实施制度对比较优势的影响。他们利用 2006 年中国海关出口数据，比较了经济特区对不同行业出口绩效的影响。经验研究的结论表明，设立经济特区的城市在契约密集型行业具有比较优势，这种制度优势主要是沿着集约边际实现的。茹玉骢和张利风（2014）从企业融资的角度，考察了契约执行效率对中国地区行业比较优势的影响。实证研究结果发现，地区的契约实施效率越高，事前债务契约中签订的贷款利率越低，企业融资规模越大，最终产品相对价格更低，契约实施效率高的地区在资本弹性较高产业具有比较优势，即契约实施效率通过融资渠道对地区比较优势产生作用。地区契约实施效率的改进有助于地区资本弹性较高产业比较优势的获得。

关于契约对 FDI 影响方面，盛丹和王永进（2010）在 Antras 和 Helpman（2004）的基础上发展了一个两地区的垄断竞争模型，分析契约执行效率与 FDI 区位分布的关系。理论分析表明，对于契约密集度较大的行业，跨国公司倾向于在契约制度较为完善的地区进行 FDI。基于理论分析的中国分省分行业经验研究结果发现，在控制了市场规模、财政分权、金融市场发展等变量后，契约执行效率对地区 FDI 分布差异确实具有显著影响，契约执行效率是影响 FDI 流入的一个重要因素。李坤望和王永进（2010）以 Baldwin 和 Okubo（2006）的自由资本模型为基础，从理论上进一步分析了契约制度对产业集聚影响的微观机制。研究结果表明，契约密集度高的产业倾向于在契约制度较好的地区集聚，在理论分析基础上使用中国省份细分产业的相关数据为样本进行经验研究，结果发现，改善落后地区的契约实施制度，将有助于缓解中国产业集聚的地区差异，促进地区协调发展。王永进（2015）在其著作中将不完全契约理论引入国际贸易的理论框架，从理论模型方面更为细致和系统地阐述了"契约不完全"对贸易结构的作用机制，并进一步分析了在契约不完全的条件下，制度、关系、地理及宏观经济政策对一国出口结构的重要影响。

2.2　关于剩余控制权的研究

剩余控制权脱胎于不完全契约理论。不完全契约理论认为，信息不完全、有限理性和交易成本等因素使合同必然存在考虑不到的非确定性情况，从而在特定控制权之外必然存在剩余控制权。契约中往往存在缺失和疏漏的条目。具体来讲，契约中可能只会规定常规或确定状态下契约各方的权责，非常规或非确定状态下权责的界定是模糊不清的。因此，当契约中存在缺失或模糊的空间时，就必须有特定的合同方做出相应弥补，这便是 Hart（1995）定义的剩余控制权的由来。本节将围绕剩余控制权的相关研究，梳理总结不完全契约下的剩余控制权的内涵及与国际贸易间的关系。

2.2.1　关于剩余控制权在不完全契约下的内涵研究

Grossman 和 Hart（1986）是公认最早明确提出剩余控制权概念，并开始用剩余控制权来定义企业资产的所有权的人。在产权的视角下，由于契约是不完全的，因此除可以事前规定的具体权利外，契约中还有事前无法规定的剩余权利，即所谓的"剩余控制权"。剩余控制权直接来源于对物质资产的所有权。一方拥有的资产越多，就拥有越多的外部选择、剩余控制权和谈判力，得到的剩余就越多，因此事前的专用性投资激励就越强。产权视角中的"剩余控制权"即所有权，它和交易成本理论中"治理结构"同时涉及企业的组织边界，不完全契约理论因此能够很好地解释企业边界问题；Hart 和 Moore（1990）将控制权划分为特定控制权和剩余控制权，指出剩余控制权是指在事前未在合同中清楚界定的权利，也是决定资产在合同所限特殊用途之外怎样被实施的权利。这种权力天然归属于资产所有者，掌控剩余控制权已经成为所有权的概念。Hart（1995）定义剩余控制权为资产所有者借助于不违背之前契约、法律和惯例的途径指定资产用途的权利。从该定义同样可以看出，剩余控制权源自契约对利益相关者权责规定的不完全性，是一种根据需要事后处置合同不完全性或具有状态依存特点的产权。

针对剩余控制权的内涵，本书必须要结合企业的契约理论相关的研究。张维迎（2005）认为，剩余控制权指的是契约中没法事前写明的，对企业经营活动和资产的指挥权；剩余控制权规定，当契约上没有写明情况发生时，到底谁有权制定相应的决策。用契约来解释企业意味着企业的参与者必须对自己投入企业的要素拥有明确的产权。本书需要明确企业和市场之间在契约问题上的差异。就这个问题而言，学者们的观点也不尽相同。张五常（1983）认为这个差异主要是企业和市场在内容上有所不同，"企业是要素交易的契约，市场是产品交易的契约"，因而"企业替代市场实际上是要素市场替代产品市场"，国际贸易理论中的不完全契约理论对这一观点进行了延伸。但是就契约本身而言，企业与市场的区别主要在于契约的完备性程度不同，相对而言，市场中的契约是较为完备的，而企业中的契约则是不完备的契约，一个完备的契约将会否定企业的存在。这里的"完备契约"是说它能够准确地描述与交易有关的所有未来可能出现的状态，以及每种状况下契约各方的权利和责任，或者简洁地表述为"明确规定未来所有状态下所有各方的责任"。与之相比，如果一个契约不能准确地描述与交易有关的所有未来可能出现的状态，以及每种状态下契约各方的权利和责任，这个契约就是不完备的。值得注意的是，完备与否是和能否被执行相关联的。契约再详尽，如果得不到法律的保护和执行，也不过是一纸空文。而这种可执行性应该至少包括两方面的内容，一是现有的技术手段和人们的认知水平能够执行契约的内容，二是执行的成本不足以迫使人们放弃契约的执行。概括起来就是交易成本的存在不会影响契约是否被执行。

企业作为契约是不完备的，也就是说总有一些事项未能得到说明，如某个参与人在某种特定的情况下应该采取怎样的行动，权利义务如何，等等，而这些合同规定剩下来的事项显然会影响参与各方的成本收益，或者说，这些合同剩余关乎各方的"剩余索取权"。但是在索取和分享权利之前，必须有人来处理这些"未尽事项"，填补契约中的"漏洞"，这就是"剩余控制权"（Grossman 和 Hart，1986）。在这里，可以看到剩余索取权和剩余控制权恰恰就是将产权进行权力、权利拆解的结果，沿着这样的思路，剩余索取权和剩余控制权统一被定义为企业所有权（张维迎，1997），即产权概念在企业理论研究中的延伸。

在剩余控制权的属性研究方面，张清平（2002）认为，剩余控制权作为一种所有权，具有所有权的某些性质。具体表现为四点：一是具有普遍性，即剩余控制权是普遍存在的；二是具有排他性，该属性能够激发所有者高效运作资产的积极性；三是具有可分割性，所有者能够将与自身有关的剩余控制权留作己用，与经营相关的剩余控制权借助委托代理方式让渡给经管者；四是可让渡性，该属性是资产从低价值运作向高价值运作转移，从非最有能力利用它们的所有者向最有能力利用它们的所有者转移的保证。梁洪学（2008）认为，控制权能够给所有者带来控制权收益，控制权收益可以是货币性收益，也可以是其他难以以货币度量的特定的控制权收益，包括自身声望、地位带来的荣誉感和优越感，以及有形或无形的在职消费行为等；另外，剩余控制权的最后一个特征是状态依存性。在不同经营状态下，公司治理状态也是不同的。公司如果出现资不抵债情况，则控制权将会由股东和经营者转移到债权人手中。

2.2.2　关于剩余控制权与 FDI 的研究

以往对剩余控制权和企业在 FDI 的行为研究中大多数把剩余控制权等同于所有权（Stopford 和 Wells，1972），认为只要获取了所有权，就能保证控制（Stopford 和 Wells，1972）。传统理论认为所有权代表了其所有者的风险承担、资源配置、投入承诺和组织控制程度（Hennart，1991）。虽然所有权并不是剩余控制权的唯一来源（Yan 和 Gray，1994），但是所有权是剩余控制权的重要影响因素，并直接影响企业的绩效和效率（Beamish 和 Banks，1987）。因此，以往大部分对剩余控制权选择的研究都集中在所有权的影响因素，主要从交易成本理论等方面解释所有权的选择行为。交易成本理论是科斯于 1937 年提出来的，而 Williamson（1975）把交易成本理论引入企业组织安排。交易成本理论认为，当面对不确定未来的关键事件，恰当的组织结构在该环境下获取最大的收益（Williamson，1985）。交易成本理论把效率和成本作为评判企业组织结构安排的最重要标准。交易成本包括谈判的时间和交易成本、监管目标企业业绩成本和监管其他企业所有者后续行为（Williamson，1985）。一个组织模式是否被决策层选择关键在于其相对其他组织模式是否更有效（Williamson，1975）。

2.2.3 关于剩余控制权与并购绩效的研究

理论上，剩余控制权决定的资产专用性对并购绩效影响的研究主要有三种观点。一是持负向观点，Spiller（1985）曾以美国上市公司的纵向并购事件为样本，以并购双方之间的地点距离为资产专用性的替代变量，发现企业的资产专用性与短期并购绩效（累计超常收益率）负相关。二是倒 U 形观点，赵丹霏等（2015）研究发现，民营上市公司中产权比例较高的企业，资产专用性对企业绩效的影响呈现非线性的倒 U 形；股权比例较低的企业，资产专用性对企业绩效具有显著的负向影响作用。三是资产专用性与并购绩效正相关，艾青（2005）研究发现资产专用性越高，企业的横向并购和纵向并购的并购绩效越好，并提出在我国现阶段，并购要理性，要考虑适合自己的资产，建立核心竞争力，而不应该盲目扩张。Shenoy 等（2009）发现以研发支出密度为资产专用性的替代变量与累计异常收益率正相关。李青原等（2007）实证研究发现，并购交易双方的资产专用性程度越高，主并方的并购财富效应越大，并且随着并购双方纵向关联程度的增加和地区产权保护程度的下降，资产专用性与主并方并购绩效之间的正相关关系会更加显著，结论支持了交易费用经济学的理论预测。

交易成本理论认为，所有权的偏好是交易成本的大小所决定的，企业的组织安排目的是成本的最小化。交易成本理论认为假如市场是完全竞争的，而市场是通过价格机制调节的，则企业在并购或其他方式选择倾向于较低控制的所有权。当市场失效时，市场的交易充满了不确定性和复杂性，并购各参与方的信息不对称，企业会倾向于选择高控制的所有权形式（Williamson，1975）。影响交易成本的主要维度有三个：资产专用性、频率、不确定性（Williamson，1985），其中资产专用性和不确定性是解释并购及其他行为的所有权控制的关键要素（Williamson，1975）。基于交易成本理论，决定市场失效的关键因素是资产的专用性（Hill 等，1990），而资产的专用性是指替代使用者以不牺牲资产价值为前提，在交易中重新配置该资产的程度（Williamson，1975）。当专用性产生的准租金（quasi-rent）越大，企业就可能利用这种竞争优势（Kim 和 Hwang，1992）有能力和动力去获取更多的剩余控制权，以防止机会主义行为。资产的专用性与所有权之间呈现正相关（Nakamura 和 Yeung，1994）。因此，当资产专用性高时，企业更倾向选择高剩余控制的所有权份额，因为这可以弥补在日后整合过程中所出现的官僚制度成本（Erramilli 和 Rao，1996）。以往的交易成本理论研究以发达国家企业为研究对象，该研究假设是，主体企业无论是跨国并购还是国内并购，相对目标企业都具有先进的研发、生产技术和营销管理能力。根据交易成本理论，主体企业为了保证其专用资源（proprietary resource），倾向选择高股权（Nakamura 和 Yeung，1994）。作为所有权的主要拥有者和剩余价值的主要获取者，发达国家企业凭借自身的企业特有竞争优势，有强烈的动机和能力获取目标企业的主要剩余控制权。因此，基于交易成本理论的解释，主要的股权所有者获取更大的目标企业实际营运控制权。所以，传统的交易成本理论认为所有权与剩余控制权没有理由分离。

除了资产专用性，不确定性对组织安排的影响也尤为重要（Williamson，1985）。不确定性是指企业或组织周围的环境难以预测的程度，包括外部不确定性和内部不确定性（Williamson，1975）。外部不确定性是指组织对未来时间预测的无能（Milliken，1987），主要是环境不确定性（Hill 等，1990）。环境不确定性是由不可预料的政治、经济和社会环境造成的。该不确定性在海外并购中指的是目标企业所在地环境的不确定性，交易成本理论认为资源的投入程度与不确定性的程度负相关（Dunning 和 Rugman，1985）。动荡的外部环境促使企业选择更为灵活的资源配置形式。目标企业所在地存在不确定性高风险时，将会降低往该地投资不可重新配置资源（non-redeploy able resource）（Gatignon 和 Anderson，1988），降低其资源承诺的程度。内部不确定性是指企业不能通过有效的评价体系对目标企业的未来绩效进行判断，这通常与企业的经验或管理能力有关，即当企业经验不足时，更倾向于在所有权问题上保守（Anderson 和 Gatignon，1988）。

2.3　关于企业海外并购绩效的研究

2.3.1　关于企业绩效的研究

1. 企业绩效的内涵

对企业绩效内涵的界定是研究海外并购绩效的逻辑起点。关于"绩效"一词，翻译成中文有履行、执行、成绩、性能等含义。Bernardin 和 Beatty（1984）认为，绩效是在特定时间范围，在特定工作职能、活动或行为上产生的结果记录，这种定义将绩效同任务完成情况、产出、结果等同起来。Campbell 等（1993）的绩效理论认为，绩效不是活动的结果，而是活动本身，是人们实际做的、与组织目标有关的并且可以观察到的行动或行为，而且这些行为完全能由个体自身控制。该定义还包含了对绩效的一些其他观点：绩效是多维的，没有单一的绩效测量。在大多数背景下，与组织目标有关的工作行为有多种类型；绩效是行为，并不必然是行为的结果；这种行为必须是员工能够控制的。

其中绩效是行为的观点认为，之所以不把任务完成或目标达到等结果作为绩效，主要有三方面的原因。第一，许多工作结果并不必然是员工工作带来的，可能有其他与个人所做工作无关的促进因素带来了这些结果；第二，员工完成工作的机会并不是平等的，而且，并不是在工作中做的一切事情都必须与任务有关；第三，过度关注结果将容易使人忽视重要的过程和人际因素，使员工误解组织要求。

如果以企业为主体讨论绩效问题，则称为企业绩效，企业绩效是指一个企业在一定的资源、条件和环境下，一定经营期间的经营效益和经营者业绩，以及完成企业既定目标的出色程度，是对目标实现程度及达成效率的衡量与反馈；如果以政府为主体讨论绩效问题，则称为政府绩效。政府绩效包含政府在社会经济管理活动中的业绩、效果和效率，是政府能力的基本体现，也是政府在行使其功能、实现其意志过程中体现的管理能力，在社会经济管理活动中的效果、效益及效能。虽然本书的主体是企业，绩效的研究主体是围绕制造业企业进行的，但是政府绩效内涵的界定与测度的方法也是本书需要重点参考的内容。

由于企业绩效涵盖多方面的内容，较为复杂，因此，目前学术界对企业绩效的界定还没有形成统一的标准（李纪明，2009）。从研究历程来看，处于不同阶段的研究对企业绩效的界定差异较大，企业绩效的研究主要经历了 4 个阶段。第一阶段是 19 世纪中期至 20 世纪初期，此时期的学者将企业绩效视为单一的财务数据指标，其内容主要包括投资报酬率、投资回收期等；第二阶段是 20 世纪初期至 20 世纪 90 年代，学者会使用以财务指标为主，以非财务指标为辅的综合评价指标体系来对企业绩效进行测量，具体测量方法包括杜邦分析法和每股收益等；第三阶段是 20 世纪 90 年代至 20 世纪末，此时期的学者大多从企业战略层面整体性出发，倾向于使用以战略为核心，辅以财务指标、顾客指标、运营指标、员工学习指标等企业绩效评价体系，其中财务指标包括销售额、利润率等，非财务指标包括市场占有率增加和顾客满意度等；第四阶段是 20 世纪末至今，Compell（1977）在整理了大量关于企业绩效的研究之后发现，学者们通常会从五个方面衡量企业绩效：生产力、整体绩效、财务指标、员工满意度和员工流动率。其中，生产力从生产资料获得数据，整体绩效由管理者和员工共同评定，财务指标由利润率或投资报酬率决定，员工满意度指标通过调查问卷获得，员工流动率由人力资源部门统计。另外，对国有企业绩效的研究也可以看出，不同阶段学者对企业绩效的研究都有不同的侧重，总体来看，现有学者对企业绩效的研究大致可以分为以下两种类型。

第一，从过程观、结果观和过程结果观三个视角对企业绩效的内涵进行界定。Duquette（1993）从过程观视角出发认为企业绩效主要用于测量组织目标的实现程度（Chan 等，1997）。Brentani 等（1989）从结果观出发认为企业绩效是工作或行为的结果，是战略管理的核心目标，以此衡量企业的运营情况。还有学者认为企业绩效并不单独是过程或结果，而是成绩和效果的综合，也是过程和结果的统一体（Brumbrach，1988）。

第二，基于效率、效能和适应性三个视角对企业绩效进行界定。Ruekert 等（1985）从效率（Effectiveness）、效能（Efficiency）和适应性（Adaptiveness）三个方面对企业绩效进行了分析，并提出效率是指企业的投入比产出，效能是指企业为市场提供的产品，而适应性是指企业对外部环境的适应程度。

2. 企业绩效的维度

一直以来，各领域的学者都从不同的角度对企业绩效进行了界定和维度的划分，但始终没有形成一个统一的标准（Christmann，2000；Wagner 等，2001）。在企业绩效研究早期，由于我国企业信息公开制度还不健全，信息的获取难度较大（Sittimalakorn 和 Hart，2004）。在这种情况下，很多学者没有对企业绩效进行明确的维度划分，通常会采用主观性较强的自我报告形式对企业绩效进行测量（Birley 和 Westhead，1990；Peng 和 Luo，2000；Atuahene 和 Gima，2005；Menguc 和 Auh，2008；李忆，2009）。随着我国企业信息公开制度的不断完善，企业开始定期披露自身的经营情况，每年向公众公开上一年度的财务数据指标，使数据变得更加公开、透明，推进了企业绩效的进一步研究。在这一阶段，大部分学者会将企业绩效分为财务绩效和非财务绩效（Berman 等，1999），其中财务绩效用来体现企业的收入和利润，非财务绩效用来体现企业的成本、市场份额、生产过程和顾客关系等因素。

1997 年，John Elkington 依据"三重底线"原则，将企业绩效划分为经济绩效、环境绩效和社会绩效。经济绩效是指企业对经济和资源分配，以及与资源利用有关的效率和效果的评价，主要体现在企业的成本、利润水平和对外部环境适应能力等方面（McDougall 等，1994；Brulhart 和 Gherra，2015；熊会宾，2010）。环境绩效是指企业进行环境管理所取得的可测量的结果，主要表现为减少环境罚款、减少污染和减少排放等方面（Kao 等，2010；Wagner 和 Schaltegger，2004；Li 等，2016）。社会绩效是指企业行为的社会结果，强调企业不应该以利润为衡量战略决策可行性和有效性的唯一标准，还需要考虑社会福利及企业行为对内外部利益相关者的影响（贺远琼和陈昀，2009）。随着社会的发展，在现在的竞争市场当中，盈利能力早已不是决定企业获得竞争优势，实现可持续发展的唯一指标。

2.3.2 关于企业绩效测度及影响因素的研究

1. 企业绩效测度的研究

绩效测度的技术方法体系主要分为定性方法和定量方法。本书主要从二者的区别和联系来比较分析这两种技术方法。首先是二者之间的区别。定性方法主要采用非概率抽样方法，根据某一研究目的，寻找具有某种特征的小样本人群进行调查。定性方法有其优势，它能够对事物做出整体性上的分析，并对事物的发展及其趋势做出预测，但定性方法也有不足的地方，它对事物发展的具体问题及事物具体量的问题，无法做出准确的统计。定量方法是将数据定量表示，并通过统计分析，将结果从样本推广到所研究的总体。定量方法恰好弥补了定性方法的不足，它可以深入细致地研究事物内部的构成比例、事物规模大小，以及水平的高低。其次是二者之间的联系。第一，定性方法是产生新想法的工具。定性方法可以通过对目标人群的观察和倾听获取第一手资料，给研究者提供产生新想法的信息。通过定性方法，研究者可以了解自己不知道或不了解的有关目标人群的语言和行为范围，了解目标人群在受到语言或非语言的刺激后产生的想法和反应，为更好地交流提供信息。第二，定性方法是定量方法的先前步骤。定性方法可以探讨人们的行为、情感、思想等领域里的一系列问题，了解这些问题的变化范围，为定量方法提供必要的信息，同时也是进行定量方法前的必要步骤。第三，定性方法可以帮助理解和解释定量方法的结果，使研究者对所研究的问题有较为客观、全面的解释，是定量方法的补充。数据不是万能的，在定性方法的问卷中，开放式问题对社会的影响，可以进一步验证定量方法的结果。

因此，在研究绩效的测定问题中，凡是能量化的指标尽量量化，即使难以量化的也要提出明确的质的要求，增强考核的可操作性和可比性。综上所述，我们可以知道对企业绩效的测度有定性方法和定量方法两条路径，为了研究开展的完整性，本书需要在定性分析的基础上，定量地测定出研究对象的企业绩效。

一般认为对企业绩效进行考核是 19 世纪初首先在东欧地区开始的。该地区企业生产规模不断扩大，生产管理日益复杂，特别是在纺织业、钢铁业等一些较大的企业里，企业管理者们逐渐建立起了一系列生产计量指标，用以评价企业内部的经营效率，判断企业基本经营活动是否在有效进行，并推断企业获利情况。而现代对企业绩效的评价需求，是在现代公司制度诞生以后出现的，其目的是加强资本所有权控制和公司内部控制。20世纪初期，美国工程师泰勒对工人工作效率进行了系统研究，制定了每种产品的原材料和人工消耗的数量标准。此后，这些数量标准被进一步扩展成为每小时人工成本、单位产品原材料成本等标准，进而建立了产品的标准成本，为企业绩效的评价和考核确立了相对完善的成本指标，同时也促进了企业绩效评价理论的发展。其主要研究视角包括以下方面。

以企业的财务数据代表企业的经济绩效。Mackiuley（1933）提出，应对企业进行定期的经营管理状况评价。MacDowell（1950）提出了一套比较完整的管理能力评价指标体系，包括公司的社会贡献、组织结构、收益的健康状况、对股东的服务、研究与发展、董事会业务分析、公司财务政策、公司生产效率、销售组织、对经理人的评价等。MacDowell 的绩效评价思想形成了现代企业绩效评价方法的框架，被许多企业和管理咨询机构所采用。

同时期，美国著名管理学家 Drucker（1950）在实践研究后提出企业绩效评价的 8 项指标，即市场地位、革新、生产率、实物资源和财务资源、获利能力、管理者的业绩与发展、员工的业绩与态度、社会责任，指出利润最大化虽然是企业追求的主要目标，但不应是唯一目标。

进入 20 世纪 80 年代，西方理论界和有关行业组织对企业绩效评价的研究更加深入。美国管理会计委员会从财务效益的角度发布了"计量企业业绩说明书"，提出了净收益、每股盈余、现金流量、投资报酬率、剩余收益、市场价值、经济收益和调整通货膨胀后的业绩 8 项计量企业经营绩效的指标。随着市场竞争的加剧，会计理论界进一步提出了企业绩效评价的权变理论。该理论认为，实践中没有一种不变的普遍适用的管理原则可以遵守，企业必须随机应变，只有及时、有效地对社会环境的变化做出反应，才能立于不败之地。Yvonne（1985）和 Orrin（1986）根据权变理论提出了由 17 项指标构成的"权变业绩计量"体系。这是一个定性评价与定量评价相结合的复合评价体系，首次将生存能力、应变能力纳入业绩评价的范围，从而使评价结果更能够反映企业的生命力，是一种更加综合的评价方法。Jaakkola 等（2016）在研究市场导向通过产品发展管理过程、供应链管理过程和顾客关系管理过程对企业经济绩效的影响时，就通过主要竞争对手的利润率、投资回报率（ROI）和资产收益率（ROA）来衡量企业的经济绩效；Ishtiaq 等（2017）在研究企业社会责任对企业绩效的影响时，选取的企业经济绩效测量指标包括资产收益率（ROA）、净资产收益率（ROE）和销售回报率（ROS），而 Bommaraju 等（2019）则使用 Tobin Q 的值（Tobin，1969），即企业的市场价值与资本重置成本之比来测量经济绩效；Feng 等（2018）通过资产收益率（ROA）和股东总回报（TSR）来研究市场营销部门对企业经济绩效的影响；Gupta 等（2018）探讨 CEO 意识形态、组织判断力和企业绩效关系时，对企业经济绩效进行衡量时使用了托宾 Q 和股东总回报（TSR）两个财务指标。

采用非财务的视角对经济绩效进行测量。Churchill（1979）通过企业管理者主观评价的方式测量企业经济绩效，具体包括与竞争对手相比，企业的销售额增长是否较快、投资报酬率是否较高、市场占有率增长是否较快等，共计 5 个指标。Narasimhan 和 Das（1999）从成本降低等方面测量企业经济绩效等，包括制造成本和制造柔性。Banker 等（2000）也采用主观指标测量的方式，对企业经济绩效进行测量，问卷指标包括创新、顾客满意程度和市场占有率。Tippins 和 Sohi（2003）通过信息技术能力来衡量企业的经济绩效。Frohlich 和 Westbrook（2001）通过及时配送、产品开发速度、交货时间缩短和库存周转率提高等方面测量企业经济绩效等，共计 8 个指标。Handfield 和 Bechtel（2002）对企业经济绩效的测量，包括顾客满意度、顾客响应和周转时间降低。Subramani（2004）通过战略绩效、长期竞争绩效、交易成本降低和生产成本降低测量企业经济绩效。Wu 等（2006）从成本降低等方面测量企业经济绩效，包括生产成本、运作成本、顾客获取成本和顾客满意度等 9 项。Bhagat 和 Bolton（2008）通过公司治理水平衡量企业经济绩效。Menguc 等（2010）采用客观数据测量法，研究内、外部因素对企业经济绩效的影响，对企业经济绩效的测量包括销售增长和利润增长。St-Pierre 和 Audet（2011）、Gu 和 Lev（2011）通过无形资产衡量企业经济绩效。Lin 等（2018）在研究创新密度对企业经济绩效的影响时，用销售效率衡量企业经济绩效。Wang 等（2003）也从主观视角对企业经济绩效进行了测量，包括利润水平、总销售量、总销售增长率、市场占有率、员工士气、总资产增长率和行业竞争地位，共计 7 个指标。谢洪明等（2006）从顾客关系等方面测量企业经济绩效，包括与主要竞争者相比，企业对销售增长率的满意度，对市场占有率的满意度，对净利润率的满意度，对销售利润率的满意度，对经营过程中的现金流量的满意度，对投资报酬率的满意度，对新产品的开发绩效的满意度，对市场拓展绩效的满意度，对设计制造过程的创新能力的满意度等，共计 12 个指标。

财务与非财务指标相结合的绩效评价体系研究。20 世纪 80 年代末以后，对企业绩效和经营者绩效的评价方法研究得到进一步发展，人们提出了将财务指标和非财务的业务指标相结合的企业绩效评价方法，例如，Cross 和 Lynch（1990）提出了将总体战略与财务和非财务信息结合起来的"业绩金字塔"绩效评价系统，强调了组织战略在确定业绩指标中所扮演的重要角色。Hall 认为评价企业业绩需以 4 个尺度为标准，即质量、作业时间、资源利用和人力资源开发，通过对这 4 个尺度的改进可以减小竞争风险。Kaplan 和 Norton（1992）经过长期研究，提出了平衡计分卡（Balanced Scorecard）方法，从财务、顾客、内部业务流程、学习和创新 4 个角度来评价企业的业绩。平衡计分卡作为一种绩效考核体系，提供了一个关注关键管理过程的框架，对公司战略的实施具有重要作用。平衡计分卡是围绕企业战略目标制定的对企业各个部门的综合考核体系，把企业战略转化为具体的目标，不仅对业务、业务单元、业务流程，而且对员工个人均可设计相应的平衡计分卡。因此，平衡计分卡提出后，很快在欧美国家的企业中被广泛应用。Stewart（1991）提出了经济增加值（Economic Value Added，EVA）业绩评价与激励体系，从计算过程来看，EVA 是指一定时期的企业税后净利润与投入资本的资金成本的差额，用于衡量企业财富的增加量。它的目的在于使公司经营者以股东价值最大化为行为准则，积极谋求企业战略目标的实现。1997 年，Bacidore 等人提出修正的经济增加值（Refined Economic Value Added，REVA）指标，进一步发展了经济增加值指标。

在国有企业的绩效评价体系研究方面，由于本书各个视角下的样本都同时涵盖国有与非国有企业，因此围绕国有企业绩效的研究也在此略述。由于第二次世界大战之后西方国家兴起了国有化浪潮，国有企业的绩效评价理论也得到了较为充分的发展。Robinson（1960）提出，国有企业的绩效评价应立足于 4 个方面：财务需求能自给自足；不需要国库担保即可向外借款；产品价格必须尽可能低，不能利用垄断方式取得利润；产品或服务质量不能低于民营大型企业。Maniatis（1970）认为，虽然国有企业部分具有独占性，但当面临国外竞争、历史比较等因素，无法完全控制价格时，利润在很大程度上也可作为绩效衡量的标准；当国有企业为社会效益考虑，做出某些决策和降低价格的决策时，利润就不能作为绩效衡量的标准。Funkhouser 和 Macavory（1979）否定了国有企业应以利润为绩效的标准，他们认为，国有企业由于政策关系，常需采用低定价政策，故其边际利润低于私营企业；他们提出，国有企业绩效评价应以成本控制为中心。我国学者于增彪（2007）批评了现行中国国有企业绩效评价体系过于偏重财务指标，忽视国有企业社会责任的倾向。综上所述，对于国有企业的绩效评价，一方面，一般学者都认为，要同时关注效益目标和社会目标；另一方面，对效益目标和社会目标的优先级次，存在争议。

综合分析绩效研究理论的演进可以发现，就评价指标而言，从财务指标不断地向非财务指标拓展；就评价方法而言，从定量研究到定性与定量相结合拓展；就评价内容而言，从企业局部评价不断地向企业整体、向企业社会责任的评价拓展；就评价方法而言，由早期的简单统计方法，逐步发展到应用多元统计分析、层次分析法、模糊综合评价、对定性指标的德尔菲法等各种技术。

2. 企业绩效影响因素的研究

企业绩效受到很多因素的影响，王道华（2007）从控制论的角度分析认为要想使企业的投入产出效率达到最优，就要研究和分析其运行的内外部特征。现有企业绩效影响因素研究主要围绕的角度，从企业外部视角来看，有外部的制度环境、市场环境、产业环境等；从企业内部视角来看，有内部的治理、战略及经营等。下面分别从企业内外部特征的角度来梳理有关影响企业绩效的文献。

首先，企业外部视角如下。

关于制度环境因素的研究。企业所在环境的契约制度水平，环境契约制度水平的改善可以正向提高企业的财务绩效，这种正向作用会随着行业契约密集度的提高而增强（杨畅和李寒娜，2014），同时企业所在地制度质量改善，组织冗余对企业绩效的影响会随之减弱（邹国庆和倪昌红，2010）；企业的政治关联。在制度理论（North，1990）看来，企业政治关联被视为非正式制度，正式制度与非正式制度共同支配企业行为（Peng，2002），通过与正式制度的互补，以期达到降低企业经营环境不确定性的目的。

关于市场的因素的研究。孙早和刘庆岩（2006）研究得出地区市场规模等市场环境与民营企业绩效之间存在显著相关关系；李忆和司有和（2009）在研究市场竞争对创新及企业绩效的关系中得出，竞争性对探索式创新与绩效的关系起正向调节作用，而对利用式创新与绩效的关系起负向调节作用。

关于产业环境因素的研究，包括供应链整合度。在企业进行垂直一体化生产时，通常会强调供应链整合的重要性，研究证实了供应链整合度能提高企业和其所在供应链的运营效率，包括质量改善、成本降低、反应速度、柔性和准时交付等（Flynn 等，2010），同时提升新产品开发绩效或创新绩效，通过对内部各部门、供应商和客户的整合、互动学习，将其纳入新产品开发和技术创新可以促进企业新产品开发绩效和创新绩效的提高（Petersen 等，2005；Koufteros 等，2007；朱桂龙和徐艳晓，2008），进而为财务绩效的提升做出贡献（Vickery 等，2003；Rosenzweig 等，2003；Das 等，2006）；贸易自由化程度。Schor（2004）、Amiti 和 Konings（2007）、Topalova 和 Khandewal（2011）、余森杰（2010、2011）、毛其淋和盛斌（2013、2014）分别对巴西、印度尼西亚、印度和中国进行的研究都证实了贸易自由化对企业生产率的促进作用；Hu 和 Liu（2014）利用中国工业企业数据研究发现，中国加入 WTO 之后 5 年的贸易自由化使中国工业企业全要素生产率每年提升 0.94%。

其次，企业内部视角如下。

企业治理角度。中国企业股权结构与企业绩效之间存在非常密切的内在联系（陈小悦和徐晓东，2001；Hambrick 和 Manson，1984）提出企业的战略和绩效与企业中高层领导的特质有关，在企业的成长过程中，企业家能力对企业绩效产生直接的影响，独立董事平均学历越高，能够给企业绩效带来的短期正面影响越大（郝云宏，2014）。

企业战略角度。企业结合自身情况采取相应的政治战略能有效帮助其进入政府管制行业，并提高企业绩效（罗党论和刘晓龙，2009）。企业的国际化战略。国际化发展是企业在自由贸易下参与全球价值链的必然决策，这是企业自身的一项重要的成长战略和多元化战略，能对企业绩效带来显著影响，但相关关系的研究尚未得到统一的结论，按相关性特点分为系数为正（或负）的线性关系、倒 J 形关系、U 形（倒 U 形）关系以及水平 S 形关系等（付林，2016）。由于国际化发展包含企业海外并购及外包等行为，且国际化发展本身内容庞杂，影响因素众多，其中对海外并购及外包与绩效的关系将在下一节重点讨论。

企业经营的角度。规模提升角度。随着企业规模的增加，管理者持股比例对并购绩效的正向影响显著增强（万丛颖和郭进，2009）。信息披露。信息披露质量较高的上市公司市场表现和财务绩效也都较佳（张宗新等，2007）。研发与创新。在研究对象，以及研发、绩效计算指标不同的情况下，多数理论分析和经验研究的结论都支持企业研发对企业绩效有一定的促进作用（Criscuolo 和 Haskel，2003；Hall 等，2008）。社会责任。Lech（2013）从利益相关者角度出发，认为企业社会责任能提高经济绩效，并且这一结论同时适用于发达国家和发展中国家。赵永亮和高颖欣（2012）更进一步指出良好的企业社会责任水平能通过提高企业生产率使企业在国际贸易中获得比较优势。Margolis 等（2007）通过对 167 篇企业经济绩效与社会绩效相关文献的 214 个结果进行分析，发现绝大多数研究结果支持两者间存在正相关关系这一结论。

通过梳理企业绩效与影响绩效的因素，我们可以看到影响企业绩效的因素有很多，除内、外部因素外，还包括直接影响企业绩效的，以及起到间接影响或调解企业绩效作用的因素。随着研究的深入，学者们也在逐步探索企业绩效内部因素与外部因素的结合、直接与间接作用的结合。

2.3.3 关于企业海外并购绩效的研究

1. 企业海外并购绩效的内涵

海外并购绩效是指企业实施海外并购活动时的收益。对海外并购绩效的研究主要从短期绩效、长期绩效及并购效率三个方面进行。由于本书的理论基础建立在产业层面的全球价值链国际化生产，因此在本节的讨论中会对海外并购绩效的外延做一定的拓展，以符合全球价值链中企业追求不同目标产生的海外并购行为。

首先，企业在海外并购后，会关注短期绩效（又称市场绩效或财富效应），主要检验海外并购事件对股票市场的价格波动效应，以此来评判并购行为能否为企业股东创造财富，以及市场对于企业海外并购行为的预期。由于引起股票价格波动的因素有很多，为了尽量消除其他因素的干扰，通常选择并购公告日期临近的窗口数据来评价跨国并购的市场绩效。如果跨国并购事件的公布引起企业股价的上涨，那么说明海外并购能够得到市场的认可及良好预期，并为股东创造财富，反之则不然。

其次，企业海外并购后的几个财年内，会关注其长期绩效（又称经营绩效或财务绩效），主要通过财务数据来评价跨国并购对并购企业经营活动和财务状况的影响。评价跨国并购长期绩效的指标可以是单一财务指标，也可以是综合财务指标。国外学者常用资产收益率、净资产收益率及销售利润率等单一财务指标来衡量跨国并购的经营绩效，而国内学者通常采用综合财务指标，从盈利能力、经营能力、偿债能力及发展能力等各个方面综合衡量跨国并购的经营绩效。

再次，企业从海外并购后的投入产出比较方面，会关注并购效率（又称生产效率或投入产出效益），以此来评价海外并购对并购企业生产效率的影响。目前学术界用来评价海外并购效率的指标主要有全要素生产率和数据包络分析法得到的 DEA 值。国内外学者对并购效率的研究较少，但是并购效率与并购绩效是密切相关的，都是企业跨国并购决策时应该要考虑的方面。

另外，本书还需要对并购绩效的概念进一步延伸。在海外并购的动因里，往往包含了国家意志对一国对外贸易整体提升的战略规划，产业层面在全球价值链中向上攀升的战略规划，以及企业自身对技术研发能力增强的战略规划，等等。而战略层面对海外并购绩效的获取并不计较短期的得失，例如，短期的绩效是否因海外并购而带来立竿见影的良好市场反应，以及中长期的绩效是否因海外并购而带来连续的年度财务增长，都无法准确地衡量与评价海外并购绩效的多少，值得注意的是，这些指标同时是比较容易量化与测度的绩效指标。由于追寻的目标在战略层面可能并不一致，因此在本书讨论海外并购绩效时不能忽略战略动因带来的绩效影响，而这些指标数据上更难估计，产生变化的影响因素也更加复杂。下面对战略层面的部分研究进行简单的梳理。

在对国家政策引致的目标不同的海外并购的探讨中，经常提及的是区分国有与非国有企业海外并购时的绩效评价，有学者认为，对于同时涵盖市场化业务和政策性业务的企业，分类治理及其带动的差异化绩效评价可以解决"营利性企业使命"与"公共性政策使命"之间的冲突，所有权不同的企业的海外并购绩效在微观数据分析中进行分组讨论很有必要。

而从产业价值链攀升的角度来说，在经济全球化背景下，企业创新能力日益成为国家产业在全球价值链中占据核心竞争优势的关键，对新兴市场国家企业而言，获取海外战略技术资源，以此迅速提升创新绩效，实现从追赶到赶超已成为海外并购的最重要战略目标（Luo和Tung，2007）。

对企业自身海外并购带来的技术进步。有研究发现海外并购对企业创新密集度有显著的正向影响，并且影响逐年增加（毛其淋和许家云，2016）。但同时，有学者对1985—2006年中国对14个国家和地区的对外直接投资数据进行研究，发现海外并购的逆向技术溢出效应在统计中并不显著，一方面是我国技术寻求型的对外直接投资在总投资中的占比不高，另一方面是我国海外投资主要集中在低技术密集度的产业。王英和刘思峰的研究也认为海外并购没有促进技术显著进步。

最后，我们还可以在实践中看到，企业在海市场中开展海外并购的动因多种多样，并购公司与目标公司动机也可能不一致，甚至敌意和突袭的海外并购案例也多有发生。有研究表明敌意并购会造成短期的市场绩效下滑（田波平，2004），但本质上敌意并购与突袭并购的目的仍然是通过占领更高的市场份额从而获得更高的并购绩效。

因此，可以简单总结本书对海外并购绩效的界定，首先是指我国制造业企业在进行海并购活动中获得的各种形式的收益，包括股东财富的增加和企业经营业绩和生产效率的提高；其次还包括国家、产业及企业三个层次的战略规划带来的绩效提升。在后文的研究中需要带着两方面的特点来思考本书所讨论的海外并购绩效问题。

2. 企业海外并购的测度

海外并购是否能为并购方创造价值一直是理论界的一个热门研究话题。大量实证研究用不同的测量方式、从不同的视角研究了并购方的海外并购绩效。

在对海外并购的绩效评价中，国外学者起步较早，并做了大量研究。

Healy 等（1992）从营运现金流的角度出发，系统分析了1979—1984年发生的50起有重大影响的美国跨国并购。他指出，并购公司的生产率相对行业平均水平而言有明显的提高。Ravenscraft 和 Scherer（1987）收集了美国联邦贸易委员会相关的并购业务数据，分析了1975—1977年发生的企业跨国并购在并购交易完成后9年间的利润情况，研究表明研究对象在企业效率和单位运营绩效上没有显著的改善。一些著名咨询机构及会计师事务所开展了大量针对并购绩效的研究，麦肯锡公司对英美最大的工业企业在1972—1983年开展的116起跨国并购交易展开研究，发现只有23%的企业获得了财务利润，失败率达60%以上。美世管理顾问公司对全世界范围内150起收购金额超过5亿元的交易进行绩效分析，发现其中50%的企业股东价值下降或显著下降，33%的企业获得微小的利润，只有17%的交易是成功的。

近年来，随着海外并购活动的不断发展，国内学者在借鉴西方发达国家的研究方法的基础上，对我国公司的海外并购绩效进行研究。冯福根和吴林江（2001）对1994—1998年发生的中国上市公司跨国并购的交易展开研究，对综合财务指标进行分析，结果表明，总体上并购绩效呈现出先升后降的变化趋势，不同的并购模式导致财务绩效存在显著差异。Gu 和 Reed（2011）研究了1994—2009年的157个跨国并购事件的市场绩效，结果显示，短期的市场绩效明显为正，反映市场对中国国有企业海外并购的正面评价。也有学者得出不同的结论，魏小伦（2008）选取了2001—2006年发生跨国并购的21家样本企业，对其并购前后的经营绩效进行研究后发现，总体而言并购绩效未出现改善，大多数企业的经营业绩出现恶化。吴松和李梅（2010）以2000—2007年发生的36起跨国并购交易为样本进行并购绩效的检验，发现并购造成了股东财富的损失，但不显著，而用会计研究显示短期经营绩效没有改善。

相对国外发达的资本市场，国内的资本市场仍不完善，由于制度的缺失和监管的漏洞，大多数学者认为并购总价值变动处于一个未知的状态，相关学者也用一些理论和观点对并购总价值的未知状态进行了解释。陈晋平（2004）用非战略性并购、非外部治理手段的观点进行解释，认为上市供给与需求严重不对称，监管及公司治理不完善为控股股东提供自利的可能，产生短期暴富示范效应。张新和祝红梅（2003）则用内幕交易与股价操控的观点解释，认为严重的信息不对称，导致了严重的内幕交易。张新（2003）认为并购不能带来长久的社会价值增加，虽然现有股东获得利益，但是中小股东的利益受到损害。

3. 企业海外并购绩效的影响因素

从国内外学者的研究结果来看，导致海外并购绩效产生差异的因素大致上可以概括为以下几个大类，包括宏观经济环境、行业因素、并购公司治理结构和目标公司东道国等。

Scholes 和 Wolfson（1990）从理论上证明了税率因素对海外并购价值创造的影响。他们认为 1981 年美国经济复苏税收法案的颁布刺激了美国海外并购活动的税收动机，1986 年的税收改革法案则加速了这种动机导致的海外并购行为。Manzon（1994）考察了税收对海外并购财富效应的影响，发现当目标企业所在国的税率较高时，美国企业可以获得财富收益，但目标企业所在国的税率较低时，其超额回报就会比较少。Kang 和 Johansson（2000）认为经济的增长影响跨国并购的供给和需求，并购公司所在国的经济增长和繁荣会直接提高收益水平和股本价格，增加并购公司所在国企业海外投资的资本规模。林泽生（2009）对我国 2001—2008 年海外并购的宏观经济影响因素进行实证分析，结果发现当我国处于经济周期的上升通道，货币供应量充足，人民币持续升值，对外开放程度继续扩大时，正是我国企业进行海外并购最佳时机。当宏观经济因素都呈良好态势，又正值国际金融危机爆发，许多国外的资产价格处于低位时，我国企业应抓住有利时机在海外并购中迅速成长。

Harris 和 Rravenscraft（1991）指出，在研发密集型产业中，海外并购发生的频率要相对高一些，并认为双方企业的股东都能获得较大收益。Caves 和 Baldwin（1990）认为垄断行业内企业的股东能获得更大的国际多样化收益。李梅（2007）对 2000—2005 年我国上市公司的 28 起海外并购事件的研究认为，信息行业的跨国并购为股东带来了显著的财富效应；而机械行业的跨国并购毁损了股东价值；家电行业跨国并购的影响则不显著。杜群阳和徐臻（2010）对 2006—2008 年实施了海外并购的中国上市公司进行实证研究，认为对品牌、渠道、研发资源等轻资产的海外并购整体效果良好；就海外并购的短期财务绩效而言，制造业企业弱于金融、资源类企业。胡飞和黄玉霞（2008）运用会计研究法对我国 2003—2004 年上市公司海外并购事件进行实证研究，认为就行业而言，电子信息业、机械行业与家电业上市公司海外并购的财务绩效依次递减。

Starks 和 Wei（2004）研究了 1980—1998 年外国公司并购美国公司的 371 个海外并购样本，结果发现目标公司的治理质量较高，该并购事件会给并购方的股东带来较高的异常收益，研究还表明，并购公司的治理质量越好，用股权方式并购越容易成功。Buckley 等（2007）研究认为，中国国有企业所具有的特殊所有权优势有助于其从海外投资或海外并购中获得较其他类型企业更多的好处。何先应（2009）运用回归模型研究了不同股权结构对上市公司海外并购财务绩效的影响。研究发现，国有股持股比例较高样本的海外并购在短期内对公司财务绩效改善具有显著影响，而从长期看会给财务绩效带来负面影响；法人股比例对收购公司财务绩效的影响并不明确；流通股比例越高，给收购公司短、长期绩效均带来负面影响。

Waheed 和 Mathur（1988）研究发现，当美国银行宣布并购发达国家银行时，有显著的负效应，而当其宣布并购发展中国家的目标银行时，则有显著的正效应。Lyroudi 等（1999）研究了 1989—1991 年 50 起欧洲公司和日本公司海外并购案例后，发现并购公司在并购消息前 5 天和后 5 天的期间内累积超常收益率为 0。Corhay 和 Rad（2000）对 1990—1996 年荷兰企业的海外并购案例进行研究，发现目标公司在西欧的并购公司样本组在短期获得正向 1.44% 的超额收益，在长期获得负的超额收益但不显著；目标公司在美国的并购公司样本组在短期获得正向 0.68% 的超额收益。Hisey 和 Caves（1985）研究发现，发生海外并购后的协调和整合成本因并购双方所在国之间的民族文化差异而不同，在英语国家或靠近美国的国家里的子公司的整合成本要低一些。阎大颖（2009）对 2000—2007 年中国非金融类上市公司的海外并购样本进行海外并购前后财务绩效变化及决定机制进行实证研究。结果表明，东道国管制制度越严苛（文化距离越大），样本组的海外并购财务绩效越差；而东道国规范制度约束越小（文化距离越小），样本组海外并购后的绩效越好。

前文从外部、内部及交易三个方面分别归纳了对海外并购绩效影响的文献，综合上述企业海外并购绩效影响研究的文献可以发现，结合具体产业特征对跨国并购绩效的研究文献较少。对海外并购影响作用最大的内外部环境因素应该是与企业所在产业及将要进入的产业相关联的产业特征，而现有文献在研究跨国并购绩效的影响因素时，很少有学者结合具体产业的特征，研究产业独特的内外部因素对其跨国并购绩效的影响。

2.4　对现有研究的评述

首先，本章对不完全契约的理论研究进行梳理，分别讨论了不完全契约与传统贸易理论及对外直接投资（FDI）理论结合的研究，最终将着眼点落在企业参与全球化生产网络决策的已有理论研究上。针对不完全契约理论在国内外学者运用的样本与数据进行的相关实证研究进行梳理，从中探索本书的理论与实证研究方向。其次，重点梳理并明确了剩余控制权在本书中的内涵及相应的属性，为后文与不完全契约结合对我国制造业企业海外并购绩效进行研究做好铺垫。最后，对企业绩效的内涵、测度及影响因素的研究依次进行梳理，将着眼点落在海外并购企业绩效的内涵、测度及影响因素的已有研究上。

　　总结现有文献，国外学者在海外并购的绩效方面做了大量的研究，学术成果也很丰富，但是在海外并购后的市场绩效和财务绩效变动方面的研究结果未形成统一的意见。目前国外学者对公司并购的理论研究尚没有形成一个公认的系统分析框架，各持一家之言，众说纷纭。而国内学术界的研究主要基于现有理论在中国的具体运用，很少有原创性的研究成果。这主要缘于国内对该领域的研究起步较晚，相关文献一直到 20 世纪 90 年代才陆续出现。

　　由于海外并购在中国的历史并不长，大规模的中国企业对外并购更是近几年才发生的，因此受到样本容量小、数据收集困难等因素的影响，从 2007 年才出现海外并购市场绩效和财务绩效实证方面的研究成果。虽然有了一定的研究成果，但仍存在以下两个方面的不足。一是研究海外并购财务绩效的方法主要是主成分分析法和因子分析法，尚未找到利用随机前沿分析方法和数据包络分析方法等业绩评价综合方法来研究海外并购财务绩效的文献；二是缺乏分不同产业特点、目标公司所属区域、并购企业股权结构及政策层面等影响海外并购绩效因素的对比研究。

　　通过文献梳理，本书欲将企业海外并购绩效的内涵拓展到企业的发展战略层面，从而拓展了海外并购绩效的衡量维度，同时，海外并购绩效影响因素的研究结论成为后文理论分析与解释变量选择的基础。接下来的章节将在已有研究的结论中提炼出理论模型，并推导出不完全契约对企业海外并购绩效的影响机制，同时以此为文章的主要假设，试图在已有研究的基础上进行不同角度的实证研究。

3　中国制造业企业海外并购的现状、特征及问题

3.1　中国制造业企业海外并购的现状

随着经济全球化浪潮的不断掀起，国际资本的跨国流动也日益活跃，国际直接投资迅猛增长成为最近几十年国际资本流动最为显著的特点之一，而海外并购作为企业的一种跨区域扩张方式，已成为国际直接投资增长的主要动力。在日益激烈的国际竞争环境中，有竞争力的发达国家企业都把海外并购作为企业发展的重要手段，以达到进入国际市场和增强自身竞争优势的目的。改革开放以来，中国在经历了以出口贸易和招商引资为重点的对外合作模式后，在"一带一路"倡议的推动下，对外开放正进入一个新的发展阶段，即资本输出成为新一轮对外合作的重点。目前，中国逐渐成为全球各国重要的对外直接投资来源地。

中国企业的海外并购是中国企业国际化发展的重要方式，通过海外并购，中国企业可以获得战略性资源，避开贸易壁垒，开拓国际市场及获得国外先进技术和经营资源，等等。因此，伴随在中国市场与国际市场的逐步接轨，对中国政府和企业来说，海外并购的重要性和必要性逐步显现出来。总体来看，中国企业的并购重组已经经历了两次浪潮。在新的并购浪潮中如何让海外并购更加顺利，哪些因素会显著影响其并购绩效等问题仍然是我国制造业企业海外并购必须要正视的问题。

3.1.1　中国制造业企业海外并购的政策环境现状

2001 年，"走出去"战略被写入《国民经济和社会发展第十个五年规划纲要》，成为我国开放型经济发展的三大支柱之一，其战略思想和方针从此不断深化和拓展。中国对外直接投资规模也由此开始飞速扩张，对外投资的区域和产业分布越来越广泛，对外投资管理也不断改革和优化。其中，海外并购一直是中国企业对外投资最主要的方式，在此期间同样经历

了高速增长。

1. 对外投资的宏观政策

近十年对外投资的宏观政策正是我国"走出去"国家战略的充分体现。2012年，党的十八大提出加快"走出去"步伐，增强企业国际化经营能力，培育一批世界水平的跨国公司。2013年，党的十八届三中全会提出"一带一路"倡议，为"走出去"提供战略支撑，为对外直接投资开辟广阔天地。"引进来"和"走出去"并重写入国家"十三五"规划纲要。2016年，《促进中小企业国际化发展五年行动计划（2016—2020年）》提出大力支持中小企业积极融入全球价值链和产业链，努力加强对外经济合作，直接促进了中小规模海外并购和民企参与海外并购的数量。2017年至2019年的商务部例行发布会连续指出持续鼓励有实力、信誉好的各类企业，按照市场原则和国际惯例开展对外投资合作。

2. 对外投资的管制制度

中国企业对外投资、海外并购的增长与政府的管制政策有密切的关系。我国针对企业海外并购制定的一系列政策及制度规范经历了一个由紧到松、由限制到鼓励的过程。2009年，国家外汇管理局发布的《境内机构境外直接投资外汇管理规定》取消了境外直接投资外汇管理前置性审核。2014年，国家发展改革委发布的最新的《境外投资项目核准和备案管理办法》扩大了对外投资采用备案制的项目范围，除并购金额达一亿美元或并购涉及敏感行业、敏感国家和地区外的项目均实行备案制。2017年，备案制实现重大突破，国家发展改革委《企业境外投资管理办法》取消项目信息报告制度和地方初审、转报环节，放宽履行核准、备案手续最晚时限的要求，进一步加大了"简政放权"的力度，提高了行政办事效率。现行的《对外投资备案（核准）报告暂行办法》进一步简化备案手续，鼓励运用电子政务手段实行对外投资网上备案（核准）管理，除敏感类项目或非敏感类的控制型项目外，其他形式的项目一律采用备案制。我国境外投资管理体制正逐步走向制度化、系统化，已初步实现了管理分级、信息统一的管理体系。这样的发展进度与我国现行的对外投资政策及其配套措施的发展进度相吻合，不仅保证了信息传送的及时性与准确性，而且有利于政府部门为对外投资企业提供精准的服务与保障。

3. 对外投资的产业引导政策

对外投资的鼓励和引导政策在对外直接投资快速发展的过程中，起到了调整和指引投资发展方向的重要作用，有利于中国对外投资产业结构的优化。1999 年的政策指导当时具备比较优势的产业，重点开展对外投资，如轻工业等。2013 年，中国国内产能过剩，适时出台《关于化解产能严重过剩矛盾的指导意见》，引导中国优势企业"走出去"，开展国际经济合作。随着国际产能合作的扩大，2015 年进一步提出国际产能及装备制造业合作的指导意见。为了适应中国经济发展和国际分工变化，2016 年制定提高我国产业全球价值链地位的指导意见。在中国对外直接投资出现非理性及过热的情况时，相关部门在 2017 年就规范和引导境外投资方向给出了具体的意见。

4. 对外投资的公共信息服务

我国对外直接投资公共服务政策平台也在不断优化。2002 年，外经贸部、国家统计局联合制发《对外直接投资统计制度》，并在之后不断调整完善。2004 年、2005 年和 2007 年先后发布的《对外投资国别产业导向目录》，对企业投资起到积极引导作用。2006 年，商务部建立《国别投资经营障碍报告制度》，收集驻外使馆和境外企业反馈的年度和不定期报告整理并发布，公布境外投资企业面临的主要问题和障碍，有利于企业合理规避投资风险。2009 年开始编制《对外投资合作国别（地区）指南》，为对外投资东道国的情况提供详细说明。2013 年制定《对外投资合作环境保护指南》，旨在提高境外投资企业的环保意识，支持东道国的可持续发展，推动我国企业良好形象的树立。2014 年，随着"9 号令"的发布，国家发展改革委宣布启用全国境外投资项目备案管理网络系统。2018 年的《对外投资备案（核准）报告暂行办法》进一步推动了公共信息平台的搭建。逐步优化的公共服务平台大大提高了企业对外投资的便利性，为中国企业对外投资提供了有效支持。

除此之外，政府还推出了各种针对对外投资的财税金融政策及环境保护指导文件，就此形成了以开放的宏观政策与宽松的管制措施为主线，辅以金融支持及环保规制，以及日趋完善的产业引导与信息服务，对企业对外投资的起到规范及促进作用。

3.1.2 中国制造业企业海外并购的规模现状

1. 中国企业海外并购总体规模现状

我国企业跨国并购起步较晚。然而近年来，在"一带一路"倡议的推动下，随着国内经济的迅速发展，跨国并购逐渐成为我国企业海外投资的主要方式。作为正在崛起的全球最大的新兴经济体，中国在国际投资格局中的重要性已经毋庸置疑。受国家"走出去"政策的推动，国内一批优秀企业主动出击，进军国际市场。

普华永道发布的企业并购市场回顾与展望的最新数据显示，2019年，中国全行业对外直接投资 1171.2 亿美元，同比下降 9.8%，非金融类直接投资 1106 亿美元，同比下降 8.2%；投资结构更加均衡，主要流向租赁和商务服务业、制造业、批发和零售业。我国企业宣布的海外并购总额为 573 亿美元，同比下降 37%；宣布的并购数量为 667 宗，同比上升 6%；第三、第四季度并购金额及数量同比降幅均大幅收窄。亚洲为最受我国企业欢迎的海外并购目的地，投资金额占比超过三成；除亚洲（同比增长 19.1%）和非洲（同比增长 26.1%）逆势增长外，我国企业在其他各大洲的并购均有不同程度的降幅，特别是在欧洲和北美洲的并购大幅度减少，分别下降近六成和三成，分别创 2014 年和 2012 年以来的新低。对外承包工程新签合同额 2602.5 亿美元，同比增长 7.6%，完成营业额 1729 亿美元，同比增长 2.3%；在"一带一路"沿线国家新签对外承包工程合同额 1548.9 亿美元，占同期总额的 59.5%，同比增长 23.1%。

近 20 年来，许多有影响力的中国企业对外直接投资均是以海外并购的方式完成的，伴随着全球海外并购的发展，在中国企业对外直接投资额及投资流量中，海外并购的比重不断上升，从 20 世纪 90 年代初期的 10%~20% 上升到 1998 年的 48.5%，经过 1999—2001 年的震荡后，中国海外并购又开始持续繁荣。2007 年，中国企业以海外并购方式实现的对外直接投资为 82.5 亿美元，占当年流量的 40%，是中国对外直接投资最重要的方式。

从案例数量来看，中国企业海外并购的样本增速在 2008 年前后持续创新高，大量中资企业开始进行海外的"抄底行动"。这类"抄底行动"一直延续到 2012 年。如图 3-1 所示，从 2008 年开始，中国的海外并购数量持续上升，到 2012 年达到了 461 起。随着世界经济一体化趋势的加强和中国经济进入新常态，布局调整、产权结构调整为并购重组带来巨大的推动力，2014 年以后，并购再次进入强势和爆发阶段。统计数据显示，2014 年，中国企业共发生了 1929 起并购，同比增长 56.6%；并购交易金额为 1184.9 亿美元，同比增长 27.1%。其中，国内并购、海外并购和外资并购的案例数分别为 1737 起、152 起和 40 起，并购金额分别约为 813.2 亿美元、324 亿美元和 47 亿美元。

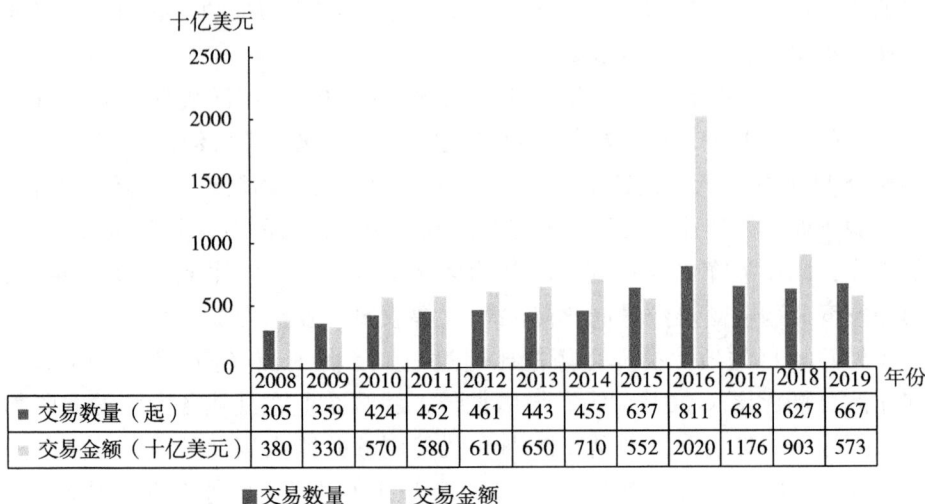

十亿美元	2008	2009	2010	2011	2012	2013	2014	2015	2016	2017	2018	2019 年份
■ 交易数量（起）	305	359	424	452	461	443	455	637	811	648	627	667
交易金额（十亿美元）	380	330	570	580	610	650	710	552	2020	1176	903	573

■ 交易数量　　　交易金额

（数据来源：依据普华永道发布《企业并购市场回顾与展望》整理）

图 3-1　中国企业海外并购交易数量与交易金额

2. 中国制造业企业海外并购规模现状

制造业企业的跨国并购在中国加入世贸组织之后才陆续出现，且处于跨国并购的萌芽阶段，并购金额的增速缓慢。2003 年，中国跨国并购的总金额仅为 6 亿美元，截至 2008 年底，中国制造业跨国并购的金额才达到 17.6 亿美元，仅占中国跨国并购总额的 4.63%。然而从 2008 年开始，中国制造业企业进入了海外并购的起步期，表现为制造业企业明显加快了海外并购的道路，并购数量和金额迅速上升。其并购金额在 2012 年底达到 86.6 亿美元，4 年间平均增长率为 392.04%，占跨国并购总额的 14.5%。这说明制造业企业越来越积极地参与海外扩张的活动，成为海外并购活动的主力军之一。其中最重要的原因有两点，一是中国加入世界贸易组织之后，制造业企业通过出口积累了大量资金，有了跨国并购的资本实力；二是 2008 年的国际金融危机导致大量海外资产贬值，中资企业趁此机会进行大量的海外"抄底行动"。

2014—2017 年中国制造业企业迎来了跨国并购的爆发期，并购金额从 2014 年的 95.8 亿美元，到 2017 年的 295 亿美元，短短 3 年时间增长约 200 亿美元，如图 3-2 所示。其中主要的原因：首先是"中国制造 2025"的提出。中国制造业存在大量产能过剩，产业结构老化等问题，直接导致中国经济处于滞胀状态，经济增速明显放缓。为改善这一现状，2015 年，国务院印发了《中国制造 2025》战略文件，旨在推动中国从制造业大国向制造业强国进行过渡和转变。该指导方针强调，中国制造业应当提高创新能力，推动信息化与传统制造的融合，强化品牌意识，深入调节产业结构，等等。这是从指导方向上推动海外并购更加符合中国经济发展新常态的需要。其次是消费升级。随着中国居民实际收入水平的提高，消费者对消费品的要求也在不断升级。例如，高端医疗服务、保健品、保健服务等产品需求的增加，导致中国生物医疗、医疗器械行业并购案例不断增加，如复星医药、药明德康、北大医药等实力强劲的医疗企业，纷纷对海外保健品和保健设备企业进行跨国并购，以期满足国内不断增加的新产品产业内需。再次是"一带一路"倡议的政策鼓励。"一带一路"倡议的提出为中国企业的跨国并购提供了前所未有的平台，"一带一路"倡议的参与国多为发展中国家，且大多数为制造业欠发达国家，这有利于中国制造业过剩产能的输出，也加快了中国"走出去"的步伐。另外与"一带一路"倡议相配合的亚洲基础设施投资银行的设立，为中国跨境并购提供了另一种融资手段。最后是政府跨境并购的简政放权。目前，对外投资等领域的监管进一步放松，中国建立的以"备案为主、核准为辅"的海外投资管理模式为制造业企业"走出去"打开了绿色通道。2014 年 9 月，商务部宣布实施新修订版《境外投资管理办法》，重新调整了海外投资项目核准范围及流程手续，删除了原有部分批准条款，给企业更多的自主权，提高了境外投资手续办理的效率，降低了核准等待时的不确定性。中国企业海外并购——制造业并购金额如图 3-2 所示。

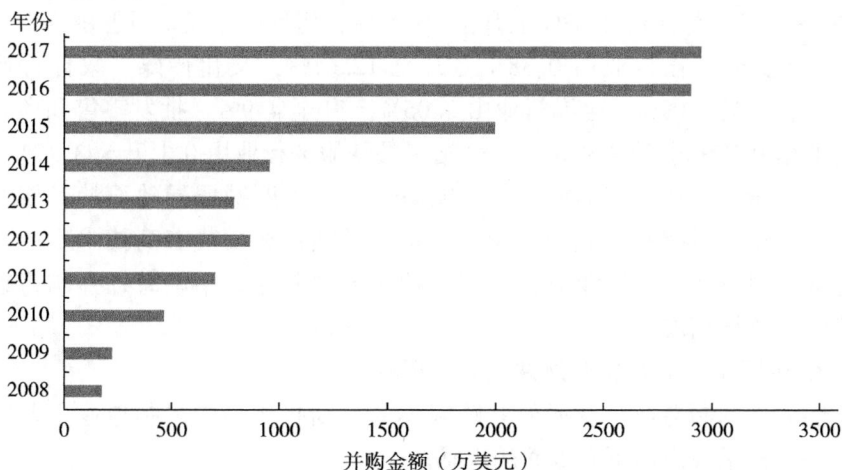

（数据来源：依据普华永道发布《企业并购市场回顾与展望》整理）

图 3-2　中国企业海外并购——制造业并购金额

3.1.3 中国制造业企业海外并购的结构现状

1. 中国企业海外并购总体结构现状

2016 年，我国跨国企业海外并购在总量上已经受到世界的关注，更重要的是，在结构上也出现了一些新的特点。2015 年，制造业、科技业等行业继续成为中国企业进行海外并购的热门行业。其中，制造业海外并购金额占 39.35%，科技业占 20.29%，交通运输业占 12.61%，批发零售、商务服务，金融业，文化传媒、教育业，住宿和餐饮业分别占 9.83%、4.90%、4.09% 和 3.17%，能源业的海外并购所占比例仅为 3.10%。这主要源于以下几方面。首先，内需不足和外部环境的挑战导致中国制造业正处在一个转型升级的过程中，一方面国内代表高技术的制造业严重不足，另一方面落后产能亟须淘汰、消化，中国制造业需要通过并购快速消化吸收国外的先进资源和技术；其次，2015 年 "互联网+" 席卷中国，依托于互联网的科技行业再次受到买家的热捧，并购总金额较 2010 年上升了 4.6 倍；最后，随着消费对推动中国经济增长的作用越来越大，为学习海外知名品牌的成熟模式，消费相关行业在过去的几年间并购金额上升幅度较快。

另外，通过对比 2010—2015 年中国海外并购行业领域分布情况可以得出，2010—2015 年，从海外并购的金额占比看，能源行业、公共服务行业占比下降最快。能源行业由 2010 年的 50.88% 下降至 2015 年前三季度的 3.15%，公共服务行业由 15.10% 下降至 0.95%，制造行业由 27.89% 上升至 39.35%，科技行业由 4.62% 上升至 20.29%，房地产、建筑行业由 0 上升至 1.64%，交通运输行业由 0.38% 上升至 12.61%，文化传媒、教育行业由 0.38% 上升至 4.09%，金融行业由 0.05% 上升至 4.9%，批发零售和商务服务行业由 0.77% 上升至 9.83%，住宿和餐饮服务行业由 0 上升至 3.17%。

随着全球经济增速的放缓，对能源需求的不断减弱导致石油等能源价格下挫，全球对能源行业的并购热度持续低迷；相反代表高技术生产力的制造业、科技及消费行业成为全球并购买家的新宠。中国海外并购将继续向多元化领域拓展。

2. 中国制造业企业海外并购结构现状

随着中国制造业企业海外并购规模的不断扩大，中国制造业企业跨国并购的结构呈现出以下几方面的现状。

一是跨国并购的类型。其主要类型为跨国横向并购，跨国横向并购是指两个或两个以上国家或地区生产和销售相同或相似产品的企业之间的并购行为。由于这类并购与企业日常的生产经营有紧密联系，所以企业并购的风险较低，交易成本和并购后的整合难度也较小，并购后可能会产生规模经济效益，因此大部分企业会选择跨国横向并购，如 2010 年吉利收购沃尔沃、2012 年三一重工收购德国普茨迈斯特、2013 年中航工业收购美国西锐飞机工业公司等，都属于典型的横向并购方式。

二是跨国并购的交易方式及支付方式现状。目前，我国企业跨国并购交易的方式大多为协议收购。根据 2012—2015 年的数据，协议收购的数量已经达到 897 起，占总量 1247 起的 72%。另外，我国制造业企业在跨国并购中的支付方式方面，由于跨国并购经验不足，国内资本市场不完善等因素，在选择跨国并购支付方式时受到的限制比较多，主要通过银行贷款和企业自有资金进行现金支付。根据 2012—2015 年我国制造业跨国并购支付方式统计数据可以看出，现金支付方式占总金额的 90%，如 2012 年中海油以 151 亿美元现金并购加拿大尼克森公司。然而近年来，随着国内资本市场的不断发展，部分企业在跨国并购支付方式上做出一些新的尝试，例如，债转股、股票支付、海外上市等，支付方式开始走向多元化。

3.2　中国制造业企业海外并购的特征

3.2.1　中国制造业企业海外并购的并购主体特征

中国制造业企业海外并购主体呈现多样化的特征，尤其是在民营企业积极参与进来后。近年来，虽然国有企业仍然是跨国并购的主力军，然而，国有企业常常被目标企业所在国视为政府的代言人，使之面临敏感的政治、经济顾虑，跨国并购的不确定性较高。近年来的国际金融危机，引发资产大幅缩水等现象，客观上为民营企业的跨国并购提供了契机。民营企业成为跨国并购的新生力量。根据 2012—2015 年的数据，民营企业主导海外并购市场，交易数量在 2015 年达到 2014 年的 3 倍，并且第一次在金额上超过国有企业的交易总额，有 51 笔交易超过 10 亿美元，超过 2014 年交易额的两倍，其中还包括了中国买家进行海外市场并购以来最大的一笔交易，中化以 430 亿美元的价格收购先正达。民营企业在海外并购中身影频现，是跨国并购结构变化的特点之一。从 2012—2016 年，民营企业海外并购数量越来越多，数据显示，2015 年民营企业海外并购有 207 起交易，而2016 年的交易数量更是达到 2015 年的 3 倍。

3.2.2 中国制造业企业海外并购的目标分布特征

并购目标企业主要分布在欧美、日韩等发达国家和地区。数据显示，从洲际和国家分布看，2015 年制造业企业海外并购的标的企业主要集中在欧洲和北美，欧洲的交易规模为 249.15 亿元，占比 49.81%，北美的交易规模为 242.07 亿元，占比 48.39%，合计占全部交易规模的 98.20%。从案例数量看，发生在欧洲的并购交易有 34 起，占比 56.67%；发生在北美的并购交易有 14 起，占比 23.32%；发生在亚洲的并购交易有 10 起，占比 16.67%。

从境外并购标的企业所属国家看，美国的并购交易金额最大，为 242.07 亿元，占全部并购交易金额的 48.82%，其次为西班牙，交易金额为 128.53 亿元，占比为 26.45%。从并购交易数量看，美国的标的企业数量最多，为 13 家，占全部标的企业数量的 28.26%，其次为德国，为 11 家，占全部标的企业数量的 23.91%，德国 11 家标的企业的并购交易规模为 16.06 亿元。

3.2.3 中国制造业企业海外并购的产业选择特征

2008—2013 年这 6 年，中国制造业海外并购金额最高的是材料业（包括林木和纸产品、容器与包装、化工材料、建材等），其次分别为货物资本（包括航天与国防、电气设备、大型机械等）、食品饮料与烟草、汽车与汽车零部件、技术硬件与设备（包括电脑与外围设备、通讯设备、电子元件等），如表 3-1 所示。由此可见在制造业企业并购的起步期，中国并购资本主要流入了化工、建材、大型机械设备等传统行业，这也是中国经济在 2008—2013 年迅速发展的支柱型制造业行业。而更具科技附加值的技术硬件与设备排在第 5 位，虽然比 2008 年前有所改善，但相比发达国家，中国在高科技、高附加值的机械设备上投入仍显不足。

表 3-1 2008—2013 年支柱型制造业行业跨国并购金额前 5 位

产业名称	并购金额（亿美元）	并购数量（家）
材料	762.0	115
货物资本	292.0	133
食品饮料与烟草	145.9	19

续表

产业名称	并购金额（亿美元）	并购数量（家）
汽车与汽车零部件	59.7	37
技术硬件与设备	52.4	53

资料来源：依据《中国企业对外投资现状及意向调查报告》整理。

另外，本书也统计了 2013—2018 年这 6 年的制造业跨国并购行业排名，排名第一、第二位的仍为材料和货物资本等行业，且金额无较大变化，这说明中国主要支柱行业仍持续稳定地发展，但传统产业的升级换代速度较慢。技术硬件与设备金额显著增长，从 52 亿美元增长到 188.9 亿美元，增长率为 263%，如表 3-2 所示。这说明在制造业海外并购的爆发期间，中国制造业对科技型的硬件设备的投入增加，也开始重视企业核心技术的打造。另外一个值得关注的点是半导体与半导体生产设备的海外并购金额从 2008 年的 1.85 亿美元增长到 2013 年的 56.3 亿美元，这说明中国制造业开始在高新技术领域持续投入，以期在国际竞争中取得重要地位。

表 3-2　2013—2018 年支柱型制造业行业跨国并购金额前 5 位

产业名称	并购金额（亿美元）	并购数量（家）
材料	730.3	216
货物资本	369.3	335
技术硬件与设备	188.9	156
耐用消费品与服装	158.0	122
汽车与汽车零部件	129.6	79

资料来源：依据《中国企业对外投资现状及意向调查报告》整理。

3.2.4　中国制造业企业海外并购的动机特征

中国企业进行海外并购，一个重要的动因特征是国际性战略资源驱动，包括自然资源、品牌和高端技术资源等中国企业相对缺乏的资源。中国的大型资源类国有企业如中海油、中石油等频频出击，无论在并购次数还是在规模方面都非常突出。而中国私营企业的海外并购多集中在技术的获取上。这两类并购的企业主体体现了中国企业海外并购的目的和动机。中国企业海外并购也就具有了明显的产业分布特征，即多数海外并购案例集中在资源密集型产业和技术密集型产业，这些产业的并购主体也主要为制造业企业。制造业企业自身的生产与经营方式决定了在海外并购中其主要动机在于对全球生产价值链的整合与扩展。

另一个重要动因特征是获取快捷国际市场通道。制造业企业国际化扩张的三种路径包括国际贸易、贴牌生产（OEM）和对外直接投资（FDI）。采取贸易的方式进入国际市场异常困难，因为中国产品进入海外市场壁垒太高，尤其是欧美高度发达和成熟的市场。贴牌生产处于价值链低端制造的地位，只能赚取低廉的加工费。而中国企业通过海外并购，就能有效地降低进入行业的壁垒，获得当地居民的认可，能够在当地顺利地进行生产和销售，进而迅速有效地在国际市场站稳脚跟。

3.3　中国制造业企业海外并购存在的问题

3.3.1　中国制造业企业海外并购的政策环境问题

从政府政策层面看，中国制造业企业海外并购政策面临着一系列问题。改革开放的进程不能满足中国企业境外投资（包括跨国并购）的需求，金融改革滞后，缺乏海外投资的融资平台，离岸金融业务未能全面地发展起来；资本市场发展不成熟，包括债券市场发展不完善，也限制了中国境外投资的融资方式；还没有对对外直接投资立法，没有如《对外投资法》等对外直接投资的基本立法，部门规章层次低。

在微观管理上，我国政府在审批、外汇管理等方面的管制仍比较严，而在法律体系、风险保障体系、信息服务平台与中介机构等方面的培育和建设比较滞后，支持政策的力度也较小，缺少一些国际普遍适用的政策措施。

我国仍比较缺乏适应跨国并购及国际化的高层次人才与团队。中国企业对外投资的历史较短，从某种程度来说，真正意义上的对外投资是从2001年加入世界贸易组织开始的。一直以来，中国企业较少从事国际化经营，缺少在海外市场生产经营的经验，因而难以锻炼和培养具有国际视野和国际经营经验的管理和经营人才。因为人才短板，中国企业在海外并购中对目标企业的管理层依赖程度较大，很多企业在签订的并购契约中都有保留目标企业现有管理层的规定，这种方式尽管在短期内具有稳定人心适应市场的好处，但在长期经营中会使得中国企业在人员管理方面多受制于目标企业，进而在并购整合中处于不利地位。因此，从政策上推出激励条件，着重扶持培养具有国际管理经验的人才，对中国企业海外并购的长远发展具有重要的战略意义。

国内政策制度对我国企业对外投资产生了重要影响。在逐步开放的宏观政策与日渐宽松简化的管制制度下，针对企业对外投资中面临的不完全契约带来的投资效率问题，尤其需要政府更合理的产业引导政策及更完善的信息发布体系。

3.3.2 中国制造业企业海外并购的策略问题

2008 年国际金融危机之后，中国企业怀着"捡便宜"的想法进行海外并购，往往存在并购战略不清晰的问题，导致中国企业海外并购势头虽强但失败率高的问题。据 BCG 测算，中国买家的海外并购交易完成率仅为67%。据专业机构调查，大多数中国企业在描述海外并购战略的目的时含混不清，缺乏清晰的并购路线图，对协同效应的理解和实践经验不足。例如，有的企业因为急于做大做强，未做充分研究就盲目进入未知领域进行海外并购；有的企业没有清晰、可操作的海外并购路线图为其海外并购战略提供支持。

另外，投行、咨询公司等中介机构未能起到引导企业进行详细的项目研究和准备工作的作用，也令中国企业在搜寻筛选并购标的时困难重重。在战略方面，实施海外并购的中国企业要能够清晰地阐述目标，同时应该设定阶段性的计划，根据内外部的变化做出适时的调整。此外，并购战略还应加强对财务稳健性的重视，并在内部就并购目标的财务稳健性问题划定红线，而不应仅仅局限于对历史财务指标的考虑。虽然为了完善全球化网络布局的并购不着眼于获得短期利益，但对被投资方的盈利能力不得不加以考虑。企业的并购战略应该是基于企业自有的战略展开的。企业应该从战略上明确定位、愿景、未来发展规划及全球布局蓝图，在阶段性的发展规划上要明确重点。在条件允许的情况下，应聘请多个方面的专家组成评估小组对标的企业进行深入评估。在并购战略目标的指导下，结合企业内部经营、管理模式和相关制度规定，研究标的公司能否和如何全面并入企业并最大限度挖掘其增长潜力。

2008 年的国际金融危机也给了中国企业一个充分的契机去收购很多历史悠久的世界名企。中国企业在采取并购行动之前制定完善的并购战略规划可以有效地引导企业的并购活动，使企业不至于在机遇面前迷失战略方向，从而保证企业并购活动朝着有利于企业总体战略的方向行进。中国企业在缺乏足够的所有权优势的情况下，以弱"吃"强，更需要仔细制定并购的战略。

3.3.3 中国制造业企业海外并购的产业选择问题

中国制造业企业在并购产业选择方面喜欢并购发达国家的知名品牌企业，尤其是一些大企业。但兼并这些大企业后才慢慢发现，这些企业实际已步入暮年，或者干脆已经濒临破产，回天乏力。《金融时报》曾一针见血地指出，中国企业收购的典型目标就是低技术，但有较高的品牌知名度的企业。另外，中国企业选择一些目标公司时存在严重问题，有些企业其实就是垃圾资产、亏损企业，存在隐性负债、潜在隐患等，因此，它们大多愿意以非常低廉的价格出售。由于信息不对称，并购方往往不能对被并购方的资产质量和财务状况进行准确的评估，这无疑加大了并购风险。同样，对并购目标所在国的文化、政治、法律等方面缺乏足够的研究和了解，也是导致并购失败重要原因之一。

中国企业对海外并购产业选择的内、外部合理性没有充分的评估和认知。对内部来说，对并购后的目标进行整合方面的评估和认识不够充分，包括在哪些领域整合、如何整合、整合的节奏与方式、整合的困难等问题，从而产生内部合理性问题；对外部来说，中国企业的海外并购尤其是在并购欧美发达国家企业的时候，总是面临着完全不同的制度环境，如果并购目标所在产业对该国的产业发展、民众就业等方面敏感程度高，那么就会产生外部合理性问题。通常，在西方发达国家，凡是对就业产生影响的相关消息都有可能引起轩然大波。中国企业在欧美并购一些企业时常常会引起所在地部分民众的抵触，认为会对其就业和生活的稳定产生负面影响。尤其在一些国家大肆宣扬"中国威胁论"的背景下，中国企业稍有失误，就会被对方放大，甚至上升到政治的高度。因此在企业并购时，产业的选择应十分谨慎。另外，欧美国家法律体系健全，不同产业的税收、环保等敏感因素同样影响并购后企业的绩效，产业选择稍有不慎，可能会给企业带来不必要的损失。

4 剩余控制权影响制造业企业并购绩效的理论假设与影响机制

4.1 理论研究的相关背景

本节将介绍不完全契约理论与跨国企业的组织形式决策的关系,为后文构建制造业企业海外并购绩效的理论模型做简单的铺垫。在文献回顾中已经介绍过,不完全契约理论最早由 Grossman 和 Hart (1986)提出,随后 Hart 和 Moore (1988,1990)等从不同角度研究契约不完全性的原因和由此导致的契约的重新谈判问题,并将该理论应用到不同领域,形成了 Grossman-Hart-Moore (GHM)的不完全契约理论。该理论以契约的不完全性为研究起点,以财产权或剩余控制权的最佳配置为研究目的,在国际贸易研究中是分析跨国企业组织形式决策问题的重要分析工具。

不完全契约理论是完全契约理论的延伸,关注信息可观察的、但无法被第三方证实的经济环境。不完全契约的存在主要有三个原因,首先,在一个复杂的世界里,人们不可能估计到各种偶然性的发生;其次,即使能够估计到偶然性,但因一些偶然性也很难用契约界定或契约化的成本无穷大;最后,即使签订契约,由于契约中存在可以观察但不可证实的内容,契约的外部权威(如法院)也很难履行其职责(Hart,1995)。因此,不完全契约意味着契约不能准确地描述与交易有关的所有未来可能出现的状况,以及每种状况下契约双方的权利和职责。

在契约不完全的情况下,除可契约化的权利外,决定资源配置的是那些无法写入契约的资产控制权力,即剩余控制权。Antras 和 Helpman 等人的GHM 框架假定契约的不完全性是普遍存在的,或者假定发展中国家与发达国家之间存在契约制度差异,而不考虑发展中国家契约制度改善对企业生产组织方式和投资区位选择的影响,并在此前提下研究剩余控制权的配置问题。

由于不完全契约不能规定各种或然状态下的权责,而主张在自然状态实现后通过再谈判来解决，所以只能对事前的权利包括再谈判权利进行机制设计或制度安排。由于事前的专用性投资无法写入契约，一旦自然状态实现，在这种具有双边锁定特征的再谈判过程中，投资方就面临被对方"敲竹杠"的风险，即投资的边际收益中有一部分被对方分享了。预期到这种"敲竹杠"行为，投资者在事前就会做出无效率的专用性投资，导致事前的最优契约失效。根据 North（1981）的观点，如果一个国家具备良好的制度，可以提供一个高效的司法体系作为第三方，则可以解决私营部门之间，以及其与公共部门在契约签订和执行上的纠纷，从而促进社会分工和交易，进而促进经济增长。按照 Acemoglu（2005）的定义，该制度可称之为"契约维护制度"。目前从不完全契约理论对产品内分工与贸易的研究大量涌现。最终产品生产商设计和生产最终产品，并承担寻找合作伙伴的固定成本；零部件供应商则承担较高的进入和投资成本。由于双方信息不对称及监督成本太高，可能会出现事后"敲竹杠"问题。因此可以认为产品内分工与贸易是 Clague 等（1999）所说的"契约密集型活动"，即产品内分工与贸易将涉及更为密集和复杂的契约安排。在其他条件相同时，当一国的契约维护制度质量越差时，交易双方潜在的机会主义行为就越可能发生，从而阻碍产品内分工与贸易的发展。在这样的情况下，如果没有外部力量来保护契约的执行，产品内贸易的合作双方难以对交易的利益和风险形成稳定的预期。而独立的司法体系如能有效地发挥第三方契约执行功能，就可以促进产品内分工与贸易的发展。

企业在进行专业化生产时，面临着以何种方式生产企业所需的中间产品的问题，对于跨国公司，把生产链条部分转移到境外生产可以利用国外的廉价劳动力，但这同时将要求更高的固定成本投入。跨国公司向境外转移产业链可以采取两种方式，即并购或外包。具体来说，可以利用投资或并购方式取得对国外中间产品生产机构的所有权和控制权；也可以向国外独立的企业购买所需的中间投入品，即采用外包的组织模式。并购与外包两种生产组织方式的主要区别在于以下两点。第一，并购方式使最终产品生产商获得被并购企业的所有权和控制权，从而在收益分成时获得谈判优势；而在外包的方式下，最终产品生产商并不拥有接包商的控制权，其与接包商的关系是平等的独立企业之间的关系，是通过外包合同相联系的契约关系。这是两种生产组织方式之间最重要的区别。第二，进行并购的企业主体直接参与被并购企业的生产管理活动，这需要大量物质和人力资本投入。而在外包时虽然发包企业（最终产品生产商）往往也会给接包企业一定的技术指导，甚至提供资金，但其规模与直接投资方式相比要小得多。而两者的共同点在于，无论在何种情况下最终产品生产商均能从一定程度上对中间产品生产商的生产经营活动产生影响。

在接下来的理论研究中，本书将结合产业特征与契约实施的角度，分别通过数理模型和结合现实的理论推导，分析剩余控制权对制造业企业海外并购绩效产生影响的机理，从而构建一个影响企业海外并购绩效的理论框架。

4.2 剩余控制权影响制造业企业并购绩效的理论模型

本节从不完全契约理论的视角构建剩余控制权影响制造业企业海外并购绩效的理论模型。首先参照 Antras（2013）的路线提出一个企业行为的基准模型，进而扩展到包括一个确定生产次序的序贯生产。这个的模型是为了表明这个产生于次序生产的思路，基于此构建企业行为的均衡分析模型，从而得出本书关于制造业企业海外并购绩效的主要假设。

4.2.1 建立理论分析基准模型

1. 企业的序贯生产

本书考虑一个企业生产最终产品的组织模式问题。生产需要各个生产阶段有序的完成。本书将这些阶段用 $j \in [0, 1]$ 表示，j 越大相当于该阶段越处于下游（更接近最终产品）。本书在设 $X(j)$ 为 j 阶段对企业交付适宜中间产品的供应商投入。得到如下生产函数（4.1）。

$$q = \theta \left(\int_0^1 x(j)^\alpha I(j) \, dj \right)^{1/\alpha} \tag{4.1}$$

θ 是生产率参数，参数 $\alpha \in (0, 1)$ 是生产的各阶段之间相互替代性的弹性，$I(j)$ 是一个指标函数，且有：

$$I(j) = \begin{cases} 1, & \text{如果投入 } j \text{ 的生产在所有} j' < j \text{ 已经完成后时；} \\ 0, & \text{如果投入 } j \text{ 的生产的状况与上述条件不符时；} \end{cases}$$

当 j 阶段的供应商交付了一个不适宜的中间品投入时，令 $x(j) = 0$。虽然生产需要所有阶段的完成，注意 $\alpha > 0$ 保证了即使存在投入完成，但是并不适宜时产量仍然为正。也就是说，虽然有一些阶段在工业生产角度是基础必备的，但是本书让这些投入的性质可以相互替代影响最终产品产出的质量。例如，一辆汽车的生产需要 4 个轮胎，2 个头灯，1 个方向盘，等等，但是这辆车在消费者眼中的价值通常取决于他们得到的汽车所有组成部分带来的服务，在某个组成部分中的高质量能部分地掩饰某些组成部分的低质量。

本书的生产函数相当于一个有连续投入的传统的不变替代弹性生产函数，但是指标函数 $I(j)$ 使得生产技术的阶段有一个固定的顺序，在这种生产过程中，除非上游阶段产品已经交付，不然下游阶段就是没有意义的。应用莱布尼兹法则，生产函数里的技术可以表达成式（4.2）的微分形式。

$$q'(m) = \frac{1}{\alpha}\theta^{\alpha}x(m)^{\alpha}q(m)^{1-\alpha}I(m)，\text{且 } q(m) = \theta\left(\int_0^m x(j)^{\alpha}I(j)dj\right)^{1/\alpha}$$

$$(4.2)$$

因此，供应商在 m 阶段引致边际产量的增长，其关系可以用供应商的产品投入和生产在这个阶段产生的调整质量值（可以看作在 m 阶段过程中的中间产品投入）的一个简单的 $C\text{-}D$ 函数。

2. 企业投入生产

大量的收益最大化的供应商可以从事中间产品投入生产或做出交付一个为 0 的外部选项的非正统的行动。本书假设每个中间产品投入都由一个需要签订契约的供应商来做。每个供应商都要承担一个相关联的专用投资，以此生产出适宜的产品。为了简化，本书假设这些投入都是为最终产品生产者高度定制的，因此这些投入的价值对于非正式的买家来说等于 0。为了强调不对称会因次序生产导致的某阶段唯一性，本书假设生产阶段是对称的，即所有供应商都有投资边际成本，且等于 c，同时对所有的阶段 $j \in [0, 1]$，结合上游的供应商投入后，j 阶段的适宜投入每 1 单位的投资产生 1 单位的服务。所有的代理商（包括企业本身）都可能用一个极小的边际成本生产出不适宜的投入，但是这种投入不能脱离连续的生产流程，否则对最终产品的生产将不增加任何价值。

3. 消费者的偏好

本书的最终产品在消费者眼中是各不相同的。这个最终产品属于一个多家企业连续生产产品的产业，消费者的偏好的特点是在各式各样的产品中有一个固定替代弹性（CES）。更确切地说，用 $\varphi(\omega)$ 表示一个种类的质量，用 $\widetilde{q}(\omega)$ 表示这个种类的单位产品的消费，Ω 表示种类，这个产业增加的子效用就表示为式（4.3）。

$$U = \left(\int_{\omega \in \Omega}(\varphi(\omega)\widetilde{q}(\omega))^{\rho}d\omega\right)^{1/\rho} \rho \in (0, 1) \qquad (4.3)$$

注意这些偏好的边际效用递减的特点，是关于产品销售的质量和数量两方面的。最后的结果是，在本书生产汽车的例子中，提高一款高端汽车的质量和一款低端汽车的质量，高端车消费者满足程度的增加实际上是更少的。消费者需要一个特定的种类，其特点是固定价格弹性等于 $1/(1-\rho)$。进一步地，隐含销售 ω 种类产品的企业的收益函数为包含不变弹性 ρ 的调整后质量产出的凹函数 $q(\omega) \equiv \varphi(\omega)\widetilde{q}(\omega)$。结合这个特点和式（4.1）中的生产技术，最终产品的企业获得的收益可以表示为式（4.4）。

$$r = A^{1-\rho}\theta^\rho \left(\int_0^1 x(j)^\alpha I(j)\,dj\right)^{\rho/\alpha} \tag{4.4}$$

函数中的 A 为整个产业的需求影响参数，$A>0$，且为企业的外生变量。

4. 完全契约的情形

在仔细讨论本书的契约假设之前，先讨论完全契约中企业完全掌控了所有的投资并由此掌握了所有产业链阶段的情况。在这种情况下，企业提供的契约 $[x(j), s(j)]$ 给所有的投入 $j \in [0, 1]$，一个供应商要因为按契约规定投入了适宜的供给量 $x(j)$ 而获得 $s(j)$ 的报酬。很明显企业有动机按照自然的次序进行生产，所以所有的阶段 j 中 $I(j)=1$，同时契约的最优议价份额问题就能很简单的用下面的极值方法解决。

$$\max_{\{x(j),\,s(j)\}j\in[0,\,1]} A^{1-\rho}\theta^\rho \left(\int_0^1 x(j)^\alpha dj\right)^{\rho/\alpha} - \int_0^1 s(j)\,dj \tag{4.5}$$
$$s.t.\ s(j) - cx(j) \geq 0$$

所有的中间产品供应都有一个共同的投资水平 $X = (\rho A^{1-\rho}\theta^\rho/c)^{1/(1-\rho)}$，同时合伙的企业收益都为 $\pi = (1-\rho)A(\rho\theta/c)^{\rho/(1-\rho)}$，这样带来的就是供应商的净收益就为其外生选项 0（$s=cx$）。

5. 不完全契约的情形

为保证以上的完全契约能够实施，法律执行的相关部门要能够清晰地判定不同阶段供应商的投入的价值。现实中，相关部门通常不能准确判定供应商投入是否适宜，以及这些适宜的投入是否都能满足契约所规定的要求。值得注意的是，如果这种合约是以投入生产的数量为准的而不是以投入是否合乎质量要求而定的，企业也可能不太情愿签订这种捆绑契约，因为供应商可能有动机用很低的成本生产不适宜的投入，且最后还需要企业支付报酬。能够预见以总收益为准的契约会让供应商有投资的动机，但是在本书设定的连续的供应商的条件下，这种契约会导致投资水平为 0，是没有价值的。因此，本书要研究一种不完全契约的情况，供应商和企业间的交易条件不是由需要强制执行的契约所规定的定金决定的。事实上，最初的契约是被假定为明确供应商是企业内的垂直一体化，或者是保持独立这两种情况的其中一种。

解释了捆绑契约的不足后，一个很类似的"敲竹杠"问题出现了。对一个特定的供应商（假设为阶段 m 的供应商）给出的实际报酬支付，是在阶段 m 的投入已经生产完毕，并且企业可以对该中间产品做出检验后再进行的双边谈判给出的。本书将这个谈判暂且独立于别的阶段的双边谈判。因为中间产品投入假设只和企业的产出相适宜和兼容，供应商的外部选项在议价阶段为 0。因此，企业和供应商谈判的准租金是由在 m 阶段的供应商引致的总收益增长的贡献。为了计算这个增加的贡献值，要注意的是企业没有动机为了更接近供应商而改变由技术产生的生产次序，用那种方式企业就能通过生产一个不适宜的中间投入品单方面的完成一个生产阶段。可以得出结果，针对生产阶段 $[0, m]$，其创造的最终产品的价值可以表示为式（4.6）。

$$r(m) = A^{1-\rho}\theta^{\rho}\left[\int_0^m x(j)^{\alpha}dj\right]^{\rho/\alpha} \tag{4.6}$$

将式（4.6）对能够表示价值链位置的 m 进行偏微分，可以推导出处在生成阶段 m 这一环节所创造的边际价值为式（4.7）。

$$r'(m) = \frac{\partial r(m)}{\partial m} = \frac{\rho}{\alpha}(A^{1-\rho}\theta^{\rho})^{\alpha/\rho}r(m)^{(\rho-\alpha)/\rho}x(m)^{\alpha} \tag{4.7}$$

利用产权理论对企业边界的解释，本书令企业面对一个特定供应商的有效议价能力取决于企业是否拥有这个供应商的所有权的情况。在 Grossman 和 Hart（1986）中，假设对供应商的所有权是一种能力的来源，企业能够从一体化的供应商身上获取剩余控制权中比非一体化供应商更高的份额。直觉上来讲，如果契约是不完全的，一个一体化的组织控制了生产所用的物资资产能够让这个组织决定这些资产的使用，以此用组织的偏好不均等的分配剩余控制权。为了让模型更便于处理，本书不会明确这些谈判的详细细节，只是简单假设：当供应商和企业选择一体化时企业会得到增长贡献值中的 β_v 份额，而供应商选择作为一个实体独立生产的话，企业会得到 β_0 的份额。

现在可以概括企业和次序供给中间产品的供应商之间的博弈的时间线如下。

（1）企业为生产流程中所有阶段 $j \in [0, 1]$ 的供应商提出契约。契约明确组织的形式是一体化还是外包在潜在供应商这个明确了的模式下运营。

（2）供应商们对各个契约提出申请，而企业为每个生产阶段选择一个供应商运营。

（3）生产以序贯的形式进行，在每个 m 阶段开始时，这个供应商已经有这个阶段已完成的产品。观察这个中间产品的价值，供应商选择一个投入水平 $x(m)$。在该阶段的最后，企业和供应商围绕供应商 m 在阶段 m 对增加的总收益做出的贡献度进行议价，然后企业给供应商支付报酬。

（4）最终产品的产出在最后一个阶段完成后就可以得到。企业获得销售最终产品获得的总收益为 $A^{1-\rho}q^{\rho}$。

在描述这个博弈的均衡之前，有必要简单讨论一下关于连续的自然缩减和报酬支付的假设。特别注意的是，本书假设企业和供应商在 m 阶段议价中，代理人不能进行一次付清总额的交易，交易条件在之后的阶段也不能重新谈判，而且不能对以后企业与供应商的谈判结果有影响。尽管在这些假设中对于更有钱的组织会有动机对不完全信息和有限的承诺造成摩擦进行投诉，但是这些假设被一致公认是比较特殊的。

4.2.2 企业行为均衡分析模型

1. 供应商在不同阶段的投资

现在本书描述上文谈到的子对策完美均衡博弈。从解决一个特定的 m 阶段的供应商的投资水平开始，看作这个阶段生产及组织形式选择的一个给定的值。用 $\beta(m)$ 表示企业与供应商 m 议价中获得的贡献增长 $r'(m)$ 的份额。目前的讨论可以表示为式（4.8）。

$$\beta(m) = \begin{cases} \beta_o, & m \text{ 阶段外包;} \\ \beta_v > \beta_o, & m \text{ 阶段并购.} \end{cases} \tag{4.8}$$

m 阶段的供应商获得的 $r'(m)$ 中的剩余份额为 $1 - \beta(m) \in [0, 1]$，因此选择一个利润最大化为目标的投资水平 $x(m)$，用式（4.9）来求解。

$$\max_{x(m)} \pi_s(m) = (1 - \beta(m)) \frac{\rho}{\alpha} (A^{1-\rho}\theta^{\rho})^{\alpha/\rho} r(m)^{(\rho-\alpha)/\rho} x(m)^{\alpha} - cx(m)$$

$$\tag{4.9}$$

可以得出最优投资水平的解为式（4.10）。

$$x(m) = \left[(1 - \beta(m)) \frac{\rho (A^{1-\rho}\theta^{\rho})^{\alpha/\rho}}{c} \right]^{1/1-\rho} r(m)^{(\rho-\alpha)/(\rho(1-\alpha))} \tag{4.10}$$

供应商 m 做出的投资通常与需求水平 A、企业的生产效率 θ、供应商的议价份额 $1 - \beta(m)$ 成正比，同时与投资边际成本 c 成反比。因此，在其他条件不变的情况下，一个外包的关系促进了供应商 m 在这一块的投资。生产影响是很微妙的。如果 $\rho > \alpha$，投资的选择是"次序互补"型，可以得到的是该阶段之前的供应商的投资水平越高，会使供应商 m 的投资边际回报越高；相反地，如果 $\rho < \alpha$，投资选择是"次序替代"型，因为上游投资的价值越高，该阶段的投入 $x(m)$ 获得的边际回报会越低。因此在本书中将 $\rho > \alpha$ 的状况看作互补型产业，$\rho < \alpha$ 的状况看作替代型产业。

因为 $\alpha \in (0, 1)$，可以直接做出判断，从纯技术角度上看，供应商的投资总是互补型。更准确来说，按照生产方程，$\partial q / \partial x(m)$ 的不递减在其他 $m' \neq m$ 的供应商做出的投资决策中是一个必要条件。当 $\rho < \alpha$ 时，前期的投资对 $x(m)$ 是一个负效应的影响的原因是，当 $\rho < 1$，企业的产品面对的是一个向右下方倾斜的需求曲线，于是之前的上游投资也影响并导致需求曲线上产生 $x(m)$ 个单位的运动。当 ρ 很小时，企业的收益函数凹的程度在调整后质量产出上是非常高的，因此沿着价值链上的边际收益的下降率相对来说是非常快的。换句话说，在企业很需要掌控市场力量的产业中，更大的上游投资水平能使下游企业投资的价值显著的降低，由此可以有效地将供应商投资（在调整质量条件下）转换成"次序替代"型。式（4.9）说明了当企业的需求弹性比替代型的投入之间的弹性小时，即当 $\rho < \alpha$ 时，这种影响将能决定标准的实体产出的互补效用。

2. 供应商在产业链上的投资

式（4.10）用一个关于 $r(m)$ 的方程描述了供应商 m 的投资水平，m 阶段的生产能达到的价值。下面将 $r(m)$ 作为一个模型的原始形态进行求解，求出价值链上所有供应商的均衡的投资水平。为此，将式（4.9）带入式（4.10）得到式（4.11）。

$$r'(m) = \frac{\rho}{\alpha} \left(\frac{(1 - \beta(m)) \rho \theta}{c} \right)^{\alpha/(1-\alpha)} A^{\alpha(1-\rho)/(\rho(1-\alpha))} r(m)^{(\rho-\alpha)/(\rho(1-\alpha))}$$

$$(4.11)$$

这构成了一个关于 $r(m)$ 的微分方程，可以设 $r(m)$ 和 $\beta(m)$ 是无限可分的，就能解这个方程了。使用初始条件 $r(0) = 0$，可得式（4.12）。

$$r(m) = A \left(\frac{1-\rho}{1-\alpha} \right)^{\rho(1-\alpha)/(\alpha(1-\rho))} \left(\frac{\rho \theta}{c} \right)^{\rho/(1-\rho)}$$

$$\times \left[\int_0^m (1 - \beta(j))^{\alpha/(1-\alpha)} dj \right]^{\rho(1-\alpha)/(\alpha(1-\rho))} \quad (4.12)$$

式（4.12）说明了阶段 m 想要牢牢掌握产出的价值将取决于所有上游组织形式的决定，即 $j < m$ 时的 $\beta(j)$。最后，将这个解代入式（4.10）得

到式（4.13）。

$$
x(m) = A\left(\frac{1-\rho}{1-\alpha}\right)^{\rho(1-\alpha)/(\alpha(1-\rho))} \left(\frac{\rho}{c}\right)^{1/(1-\rho)} \theta^{\rho/(1-\rho)} (1-\beta(m))^{1/(1-\alpha)}
$$

$$
\times \left[\int_0^m (1-\beta(j))^{\alpha/(1-\alpha)} dj\right]^{\rho(1-\alpha)/(\alpha(1-\rho))} \tag{4.13}
$$

在这个表达式中，很清楚 m 阶段如果外包，即选择 $\beta(m) = \beta_o < \beta_v$ 提高了那个阶段的供应商的投资，同时企业的投入 $x(m)$ 前期（上游）的组织形式选择关键取决于投资决定是次序互补型（ $\rho > \alpha$ ）还是次序替代型（ $\rho < \alpha$ ）。在选择其最优组织结构时，企业需要对这些因素进行权衡，因为任何阶段的外包都将使自己获得一个更低的剩余份额，由此从供应商身上得到更少的准租金。下面正式开始研究这个最佳的组织形式的问题。

3. 企业最优组织结构

企业通过搜寻其利润最大化的途径决定其每一阶段所采用的组织结构。在全球化生产的条件下，厂商通过整条价值链获取利润，其利润函数为

$\pi_F = \int_0^1 \beta(j) r'(j) dj$ ，带入式（4.10）、式（4.11）得到式（4.14）。

$$
\pi_F = A\frac{\rho}{\alpha}\left(\frac{1-\rho}{1-\alpha}\right)^{(\rho-\alpha)/(\alpha(1-\rho))} \left(\frac{\rho\theta}{c}\right)^{\rho/(1-\rho)} \int_0^1 \beta(j)(1-\beta(j))^{\alpha/(1-\alpha)}
$$

$$
\times \left[\int_0^j (1-\beta(k))^{\alpha/(1-\alpha)} dk\right]^{(\rho-\alpha)/(\alpha(1-\rho))} dj \tag{4.14}
$$

相应地，很容易证明供应商获得的报酬 $\pi_F(m)$ 总是为正的，所有供应商参与的限制条件可以忽略。企业的决策问题就可以表示为式（4.15）。

$$
\max_{\{\beta(j)\}j\in[0,1]} \pi_F
$$
$$
s.t. \beta(j) \in \{\beta_v, \beta_o\} \tag{4.15}
$$

选择每个阶段 j 的组织形式是为了使得这个阶段 j 的收益 π_F 最大化。为了确定对一个给定的阶段 m 来说最优的选择到底是并购还是外包，Antras 和 Helpman（2004，2008）的研究做出了改进，首先本书思考企业对 $\beta(m)$ 函数的选择，是在所有分段、连续、可微的实际价值量函数集合中自由的选择，而不是从只反应价值的集合中，设关于 v 的函数（4.16）。

$$
v(j) \equiv \int_0^j (1-\beta(k))^{\alpha/(1-\alpha)} dk \tag{4.16}
$$

可以把这个问题写成选择实际价值的函数 v 最大化的函数（4.17）。

$$
\pi_F(v) = \kappa \int_0^1 (1-v'(j))^{(1-\alpha)/\alpha} v'(j) v(j)^{\rho-\alpha/\alpha(1-\rho)} dj \tag{4.17}
$$

其中 $\kappa \equiv A \dfrac{\rho}{\alpha} \left(\dfrac{1-\rho}{1-\alpha} \right)^{\frac{1-\alpha}{\alpha(1-\rho)}} \left(\dfrac{\rho}{c} \right)^{\rho/(1-\rho)}$ 是一个为正的常数。收益最大化函数 v 必须满足欧拉–拉格朗日条件，按照式（4.18）可以给出。

$$v^{\rho-\alpha/\alpha(1-\rho)} \left(v' \right)^{1-\alpha/(\alpha-1)} \left[v'' + \frac{\rho-\alpha}{1-\rho} \frac{\left(v' \right)^2}{v} \right] = 0 \qquad (4.18)$$

设若 v'，至少是分段可微的，令为初始条件 $v(0) = 0$，横截性条件为 $v'(1)^{(1-\alpha)/\alpha} = \alpha$，利用（4.12），本书可以得出阶段 m 的最优议价份额，用 $\beta^*(m)$ 表示，得到式（4.19）。

$$\beta^*(m) = 1 - \alpha m^{\frac{\alpha-\rho}{\alpha}} \qquad (4.19)$$

由此可以得到理论模型的假设 1。

假设 1：最优议价份额 $\beta^*(m)$（未约束）在互补型的情形下与阶段 m 的值成正比，在替代型（$\rho < \alpha$）的情形下与阶段 m 的值成反比。

在研究这个假设的含义之前，需要简单讨论两个技术问题。一是式（4.19）从欧拉–拉格朗日条件下得来的，这对最优化的计算是一个必要条件；二是本书没有设定最优议价份额 $\beta^*(m)$ 为非负的，一致的问题是企业有可能认为用超过边际贡献的报酬补偿特定的供应商是最佳的。至关重要的是，假设 1 的结论除了在这个强制条件情况下，$\rho > \alpha$ 时，$\beta^*(m)$ 对于 m 是弱递增的，在其他条件下都有效。

假设 1 的关键意义在于参数 ρ（最终产品的出口需求弹性）与 α（中间品之间替代弹性）大小之间的关系是对企业在价值链中增多或减少控制的剩余激励份额的激励因素并决定企业的选择。可以推出，当 $\rho > \alpha$，投资都是次序互补型的，上游的生产阶段中如果企业进行一体化是花费很高的，因为这不仅减少了上游供应商的投资激励，也减少了所有下游供应商的投资激励。进一步地，尽管一体化让企业能获得一些租金，企业与供应商进行谈判的这部分增加的剩余额在上游的生产阶段是很低的。相反，当 $\rho < \alpha$，投资是次序替代型的，企业如果上游阶段进行外包的花费将很高，因为价值链早期生产中进行大量投资将减少下游供应商的投资激励，企业如果对这些上游阶段一体化，获得的剩余额的量将是不成比例的。

一种方法是比较供应商在完全和不完全契约条件下的投资水平。正如前文分析，在不完全契约条件下，进行次序生产中的企业将会选择一系列质量参差不齐的契约来引出整个价值链中的供应商投入的公值。然而在不完全契约下，如果议价的权重在所有的阶段都相同，$\rho > \alpha$ 时投资水平将会在价值链中上升，$\rho < \alpha$ 时投资水平将会在价值链中下降。式（4.19）中对最佳的 $\beta(m)$ 的选择可以由此被理解为一个用来减小不完全契约带来的扭曲的次优工具，作用机制是利用针对那些没有摩擦的契约对投资水平的再均衡。在完全契约条件下，这需要利用外包引致更多上游阶段的供应商投资，同时并购大部分的下游供应商来抑制这些后期阶段的投资过剩；在替代型产业条件下这个逻辑也是类似的。

计算式（4.15）中的函数 $\beta^*(m)$ 的极值，可以得到：当 $\rho > \alpha$ 时，$\lim\limits_{m \to 0} \beta^*(m) = -\infty$，当 $\rho < \alpha$ 时，$\beta^*(0) = 1$，同时 $\beta^*(1) = 1 - \alpha$，不考虑 α 和 ρ 的相对幅度。其含义就是当企业必须要在一对价值量 $\beta(v)$ 和 $\beta(o)$ 中选择 $\beta(m)$ 时，是否要进行并购大部分的上游阶段的决策就取决于 α 和 ρ 的相对大小。在完全契约条件下，企业需要选择在阶段 $m = 0$ 时 $\beta(m)$ 可能的最小值，相当于在最初阶段（在一个包含大部分连续的上游阶段的可测集中）选择外包的方式。相反地，在替代型产业条件下，企业需要并购这些最初的阶段。对于大部分的下游阶段，决策是不那么清楚的。两种情形下，如果 $\beta_v < 1 - \alpha = \beta^*(1)$，很明显最后一个阶段会被并购；同时，当 $\beta_v > 1 - \alpha > \beta_o$ 时，如果 $\beta_o > 1 - \alpha$，最后一个阶段就需要被外包，一个与 $m = 0$ 最邻近的阶段是否应该被并购取决于其他一些参数的限制。另外，当 $\beta_v > 1 - \alpha > \beta_o$ 区间内的所有函数 $\beta^*(m)$，在这个情况下，无论是互补型还是替代型，产业中价值链上潜在的可以并购和可以外包的阶段都同时存在。

目前本书的讨论都聚焦于价值链两端的阶段所需要的最佳组织形式。这些阶段的集合通常的组织形式（并购或外包）是一个连贯的区间 [0,1]，这样本书可以得到以下假设。

假设2：在互补型产业中（$\rho > \alpha$），存在一个唯一的 $m_c^* \in (0, 1]$，其中：①所有的阶段 $m \in [0, m_c^*)$ 都采取外包模式；②所有的阶段 $m \in [m_c^*, 1]$ 都采取在企业的边界内并购的模式。在替代型产业中（$\rho < \alpha$），存在一个唯一的 $m_s^* \in (0, 1]$，其中：①所有的阶段 $m \in [0, m_s^*)$ 都采取在企业的边界内并购的模式；②所有的阶段 $m \in [m_s^*, 1]$ 都采取外包的模式。

已知 $\beta(m)$ 包含了价值链上的两个值，此时的条件 $\beta_v > \beta_o$，可以得出在参数 β_v、β_o、α 和 ρ 的影响下最优化的阶段 m_c^*，m_s^* 的闭合式解法如下。

$$m_c^* = \min\left\{\left[1 + \left(\frac{1-\beta_o}{1-\beta_v}\right)^{\alpha/(1-\alpha)} \times \left[\left(\frac{1-\frac{\beta_o}{\beta_v}}{1-\left(\frac{1-\beta_o}{1-\beta_v}\right)^{-\frac{\alpha}{1-\alpha}}}\right)^{\alpha(1-\rho)/(\rho-\alpha)} - 1\right]\right]^{-1}, 1\right\}$$

$$(4.20)$$

以及

$$m_s^* = \min\left\{\left[1 + \left(\frac{1-\beta_v}{1-\beta_o}\right)^{\alpha/(1-\alpha)} \times \left[\left(\frac{\left(\frac{1-\beta_v}{1-\beta_o}\right)^{-\alpha/(1-\alpha)} - 1}{\frac{\beta_v}{\beta_o} - 1}\right)^{\alpha(1-\rho)/(\rho-\alpha)} - 1\right]\right]^{-1}, 1\right\}$$

$$(4.21)$$

通过这个表达式，本书能构建如下假设。

假设 3：无论何种条件下在国际生产的价值链中并购模式和外包模式并存时（i. e.，$m_c^* \in (0, 1)$，当（$\rho > \alpha$）或 $m_s^* \in (0, 1)$ 当（$\rho < \alpha$）），如果 ρ 减小必然会扩大采用垂直并购模式的生产阶段的范围。

在此假设中替代弹性 ρ 对并购倾向的抑制作用可以解释为：当企业有相对很高的市场控制力，这个企业的资源分配将会倾向于将一个相对大的权重放置在投资效率更高的并购模式上，同时控制力低时会减少一些导致投资效率降低的并购行为。即当企业在国际经营中有相对很高的议价能力，即剩余控制权高时，这个企业的资源分配将会倾向增加能够提升投资效率的外包模式，相反，当其剩余控制权较低时，会为了减少一些导致投资效率降低的采购而选取并购模式。

4.2.3 理论模型结论

根据上节的理论模型构建、推导与分析，以最优议价份额模型：$\beta^*(m) = 1 - \alpha m^{(\alpha-\rho)/\alpha}$ 为基础，可以提出本书理论模型的结论 1。

结论 1：企业在生产阶段 m 的最优议价份额 $\beta^*(m)$（无限制条件）在互补型（$\rho > \alpha$）的情形下与阶段 m 的值成正比，在替代型（$\rho < \alpha$）的情形下与阶段 m 的值成反比。

依照 Hart（1995）对剩余控制权的定义，剩余控制权是一种可以按任何不与先前的契约、惯例和法律相违背的方式决定资产所有用法的权利。Hart 认为，将剩余控制权分配给投资决策相对重要的一方更有效率，且剩余控制权具有 0 或 1 的性质，即控制权主体要么拥有全部的剩余控制权，要么不拥有剩余控制权。在本书的理论模型中，生产阶段中的最优议价份额 $\beta^*(m)$ 较高或较低，决定了一个企业在全球生产链的某一个特定阶段中是否掌握剩余控制权。

具体到理论模型结论，可以看到 $\beta^*(m)$ 与企业生产的最终产品的需求替代弹性 ρ 及中间投入品间替代弹性 α 有关，即 ρ 与 α 的相对大小决定了该产业的产品在本书的分析中为替代型还是互补型，进而决定了 $\beta^*(m)$ 与供应商所处的阶段 m 的关系①。由此本书很容易得出以弹性相对大小为参照的企业组织形式选择的结论 2。

结论 2：在投资具有替代型关系时（$\rho < \alpha$），所处生产链位置靠近下游的企业无法掌握该生产阶段的剩余控制权，组织形式倾向于对供应商采取并购模式；在投资具有互补型关系（$\rho > \alpha$）时，所处生产链位置靠近上游的企业掌握该阶段的剩余控制权，组织形式倾向于对供应商采取外包模式。

进一步地，由于选择每个阶段的组织形式都是为了使得这个阶段的收益最大化，最大化收益的解可通过最优议价份额得出。那么本书可以推出理论上的最优议价份额将带来企业整体的收益提升。而最优化的议价份额作为企业在制造业海外经营过程中的模式选择标准，成为改善不完全契约扭曲效应的次优化工具。

4.3　剩余控制权对跨国企业并购绩效的影响机制

延续上一节对最优议价份额的理论假设，本节将结合理论模型从剩余控制权对企业投资效率影响的分析总结剩余控制权对制造业企业海外并购绩效影响的路径。进一步将影响企业海外并购绩效的机理进行理论分析。本书认为，剩余控制权可以通过影响交易主体专用性投资意愿影响制造业企业的海外并购绩效。

4.3.1　剩余控制权对投资效率的影响路径

综合理论模型分析，本书可以得到剩余控制权对制造业跨国企业并购

---

① 理论上本书应该具体测算不同产业 ρ 与 α 两种弹性的大小，事实上由于行业不同环节间替代弹性的数据相对缺乏，本书参照 Antras and Chor（2013）的做法，假定不同行业不同环节间替代弹性 α 相对稳定，当最终产品的需求替代弹性 ρ 偏高时，本书认为该行业属于互补型，当最终产品的需求替代弹性 ρ 偏低时，该行业属于替代型。

绩效产生影响的理论路径，如图 4-1 所示。总体而言，在不完全契约下，剩余控制权影响了签订契约的双方在博弈过程中哪一方拥有更高的议价份额，决定了对企业来说何种组织形式具有更高的投资效率。

```
┌──────────┐    ┌──────────┐    ┌──────────────┐    ┌──────────┐
│ 剩余控制权 │───▶│ 议价份额  │───▶│  生产组织形式  │───▶│ 投资效率  │
└──────────┘    └──────────┘    └──────────────┘    └──────────┘
```

图 4-1 剩余控制权对投资效率的影响路径

具体来说，在不完全契约下，产品某一生产阶段企业的剩余控制权大小决定了该企业在某一生产阶段的最优议价份额。最优议价份额高的生产阶段，企业在签订契约的博弈中，相对较主动。同理最优议价份额低的生产阶段，企业在签订契约的博弈中，相对较被动。在占据相对主动的阶段，企业的专用性投资意愿更高，更高效的生产组织形式是外包。在位于相对被动的阶段，企业的专用性投资意愿较低，更高效的生产组织形式是并购。

从理论上来看，理论模型推导可得，企业在最优议价份额较大的阶段采取外包的组织形式投资效率较高，在最优议价份额较小的阶段采取并购的组织形式投资效率较高，即追求更高投资效率的企业在生产的某个阶段中采取的组织形式受到其是否掌握剩余控制权的影响。

本节结合研究的理论背景与我国的制度背景，延续 Antras（2013）的模型推导得出了本书的重要理论假设，最后通过分析议价份额对企业投资效率的影响，提出了初步的影响路径理论框架。从理论上看，剩余控制权通过影响企业的议价份额而对投资效率产生的影响有正面和负面两种情况。对拥有剩余控制权的企业采取并购模式，其投资效率较低，而对不掌握剩余控制权的企业采取并购的模式，其投资效率较高。

4.3.2 剩余控制权影响跨国企业并购绩效的途径

延续初步的影响路径理论框架，对于剩余控制权决定的议价份额如何通过影响投资效率进而对并购绩效产生作用的机理，本书在理论上提出剩余控制权通过决定企业议价份额影响交易主体企业进行的专用性投资意愿，进而影响企业海外并购绩效的理论机制。

资产专用性（asset specificity）是指为支持一项具体交易而进行的耐久性投资，Weitz 和 Jap（1995）认为，交易成本分析在发展和保持传统路径的关系研究中的主要贡献在于使用了资产专用性来使交易方对关系的维护做出承诺（Williamson，1985），当交易未结束前，交易主体可以出于对自身有利的考虑轻易将投资改用于其他用途或改由他人使用，那么此交易中的投资上的投入成本很低，也就是说，投资用途的轻易改变将使得专用性资产投资的生产性价值大为降低。然而，专业化分工和生产使得交易双方企业间的相互依赖程度增强，企业对其与上下游合作者交易关系的依赖性越强，该交易关系的资产专用性水平越高，缔约后违约的风险就会加大，增加产生交易的不确定性，即交易行为的可预见程度降低。资产专用性是交易成本经济学的核心概念，侧重于从资产所有者的角度研究交易活动和治理机制。交易费用经济学理论认为，企业并购的目的主要是解决企业专用性资产投资不足的问题。

具体地，企业选择签订外包契约还是并购，威廉姆森用一张简单但含义丰富的图做了说明，如图 4-2 所示。A、B、C 为三种合约模式。K 代表是否存在专用性资产。S 代表保护性条款或安全措施，如为防止提前终止契约而设立的罚款，或者专门设计的纠纷解决机制。当双方不存在专用性资产，即 K = 0 时，各种技术条件下都可以提供产品，这种情况类似于外包，即 A 类契约。当存在专用性资产时，即 K>0，双方仍可以签订无保护措施的合约，S = 0，即 B 类合约。如果专用性资产较高，或者安全起见，可以通过签订有保护性条款的契约，S>0，即 C 类契约。

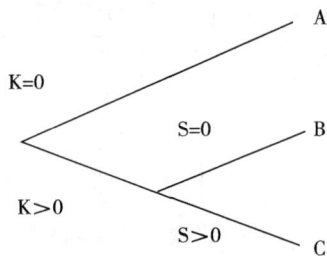

图 4-2　签订契约示意图

外包签订契约可以解决专用性资产问题，但是选择并购的理由，首先在于解决"敲竹杠"的问题，同时还有一个关键问题，技术进步。新的生产设备具有极高的生产专用性，并购成为成本更小的选择。纵向并购消除了对一个基本契约的需求，并且形成了更灵活的指挥生产的能力。

专用性投资的风险在于，如果合作中的某一方在交易中做出了专用性投资，那么其自身就会被固定在交易关系中。如果专用性投资没有一个可以详尽在事前明确双方权利义务的契约，并且交易的细节也不能由第三方监管和验证，那么专用性投资就面临着"敲竹杠"的风险，投入方就处于被动地位，导致成本升高，当其发现自身的投资没有保障时，会损伤投资积极性，从而导致投资减少，使企业及整个产业受到损失和创伤。根据这个推导，我们可以判断在特定的生产阶段中，未掌握剩余控制权的企业如果试图采取国际外包的组织模式生产，其投入专用性投资的积极性较低，即影响了专用性投资的意愿，易造成投资不足，企业的投资效率不高，此时企业如果采取并购的方式将更利于提高投资效率进而提升绩效；反过来说，掌握剩余控制权的企业更具有积极的专有性投资意愿就不难理解了，如果此时一味采取并购的组织模式生产，则意味着放弃价值链上的有利地位而使得并购的绩效减少。

除本节总结的剩余控制权影响中国制造业企业海外并购绩效的途径外，延续上一节的理论分析，加入了剩余控制权受到外部的地区契约执行效率与内部产业契约密集度的双重影响，从而形成了本书的整体理论机制框架，如图4-3所示。

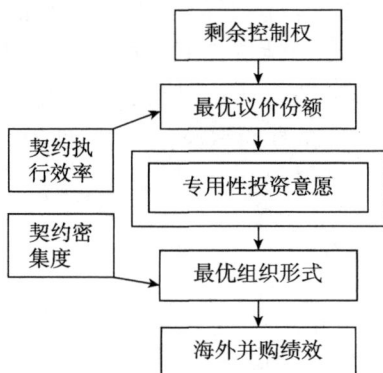

图4-3　影响机制传导路径

4.4　剩余控制权对并购绩效影响机制的实证检验

4.4.1　资产专用性对短期并购绩效的影响

理论上，资产专用性与短期并购绩效正相关，主要原因有：一是资产专用性较高时，企业发生并购行为更容易形成规模经济，提高企业绩效。二是资产专用性较高的企业，资产用途比较单一，企业一旦并购失败，破产的风险较大，破产时资产清算价值较低，很难弥补投资者的损失。资产专用性越高，企业在选择并购目标时会更加谨慎，并购成功率更高。企业发生并购事件后，能够获得经营协同效应、管理协同效应和财务协同效应，有助于维护投资者的利益，所以企业宣告并购行为能够增强投资者对企业的信心。三是企业资产专用性较高时，由于双方资产匹配程度较高，信息不对称程度降低，并购方能够制定合理的并购价格，降低并购溢价，提高投资效率。据此，本书提出假设：资产专用性与短期并购绩效正相关。

4.4.2　研究设计

1. 样本选择与数据来源

本书选用的样本是 2008—2015 年沪深股市上市公司中发生的 465 个并购案例的主并方，相关数据通过 Wind 资讯收集，并购样本年份分布如表 4-1 所示。出于研究的需要，对样本做了如下筛选。剔除金融行业相关的并购事件；如果并购方在首次公告日内宣布若干起并购事件，选取并购金额较大的事件，其余的予以剔除；剔除数据或信息缺失的并购事件；剔除已经退市的公司；剔除创业板上市公司。本书涉及的资产专用性和并购绩效的数据主要来自国泰安 CS-MAR 数据库。如有个别数据无法在国泰安 CS-MAR 数据库中收集，则通过 Wind 数据库、东方财富等平台进行手工收集。

表 4-1　并购样本年份分布

年份	2008	2009	2010	2011	2012	2013	2014	2015	总数
样本量（个）	7	29	40	44	57	86	141	62	465

资料来源：根据 Wind 数据库整理。

2. 变量设计

本节的被解释变量为短期并购绩效（*CAR*）。短期并购绩效是指并购事件发生的前后短时间内并购企业从并购事件中获得的累计超额收益率（*CAR*）。与短期并购绩效对应的研究方法为事件研究法。事件研究法指从股票市场的角度研究并购前后企业股票价值的变化给企业带来的累计超额收益率。邓子来等（2001）、明隆（2011）的研究表明我国的资本市场已经达到弱势有效，所以采用证券市场的股票异常波动来计量公司的并购绩效是可行的。

资产专用性（*ASS*），即无形资产，是企业无法被其他企业模仿的资产，是企业核心竞争力的重要基础，所以本书根据周煜皓等（2014）的研究，采用无形资产占总资产的比值作为公司资产专用性的替代变量。

$$ASS_{it} = InvA_{it}/TA_{it} \tag{4.22}$$

其中，$InvA_{it}$ 是企业 i 在年度 t 的无形资产净额，TA_{it} 是资产总额，ASS_{it} 越大，资产专用性越大。

通过上述计算方式，可以计算出每个公司的资产专用性及其短期并购绩效。控制变量包括并购事件中的并购规模、并购性质、并购类型，以及上市公司的总资产收益率、流动比率等特征，它们都会影响研究结果，所以将这些变量作为控制变量加入研究中。另外，本书按照 2012 年证监会的行业分类将样本分类研究，按照行业大类进行控制，共 17 个行业，设置 16 个虚拟变量，i 取值 1~16。本书样本选择 2008—2015 年共 8 年数据，设置 7 个虚拟变量，t 取值 1~7。变量说明如表 4-2 所示。

表 4-2　变量说明

变量名称	变量符号	变量定义
并购短期绩效	CAR	累计超额收益率
资产专用性	ASS	无形资产对总资产占比
流动比率	FR	流动资产对流动负债比率
成长性	GRO	并购前一年营业收入增长率
总资产收益率	ROA	净利润对总资产占比
所有权性质	GOV	国有为 0，非国有为 1
并购规模	SIZE	交易规模与被收购放规模比
产业	IND	产业分类
年份	YEAR	2008—2015

3. 模型设计

根据上述变量设计，可以计算出每个公司的资产专用性和并购绩效，结合相应的分析和假设，构建以下模型。针对假设：资产专用性与并购短期绩效正相关，构建模型（4.23），当 α_1 显著大于 0 时假设成立。

$$CAR_{it} = \alpha_0 + \alpha_1 ASS_{it} + \xi Controls + \varepsilon \tag{4.23}$$

4.4.3　实证检验与结果分析

1. 描述性统计

本书根据所选用的样本计算了 3 个不同窗口期的累计超常回报率，窗口分别是 CAR1（-5，7），CAR2（-6，7），CAR3（-6，6）。对各变量进行描述性统计，如表4-3所示。

从表4-3中可以看出，*CAR*值的均值都大于0，说明总体而言，并购事件的发生能够给上市公司带来正的超额收益，*CAR*值的最小值小于0，说明有部分公司并购事件带来的超额收益为负。

表4-3 描述性统计

变量	样本量（个）	均值	标准差	最小值	最大值
*CAR*1	465	3.821	3.608	−1.037	40.316
*CAR*2	465	4.138	3.826	−0.631	43.363
*CAR*3	465	3.869	3.781	−0.804	43.758
ASS	465	0.071	0.111	0.000	0.913
FR	465	2.263	4.667	−5.132	54.373
GRO	465	0.712	5.776	−0.926	104.539
ROA	465	0.095	1.026	−0.266	20.788
GOV	465	0.185	0.389	0	1
SIZE	465	0.975	0.075	0.454	1.319

资料来源：作者综合计算得出。

2. 相关性分析

与 *CAR* 对应的样本量进行相关性分析，结果如表4-4所示，所有变量之间的相关系数及其绝对值均小于0.5，说明变量之间不存在严重的相关性问题。表中 *ASS* 与 *CAR* 值之间的相关系数显著为正，说明资产专用性越高，并购方的短期并购绩效越高。

表4-4 相关性分析（上三角 Pearson，下三角 Spearman）

变量	*CAR*	*ASS*	*FR*	*GRO*	*ROA*	*GOV*	*SIZE*
CAR	1	0.0032	−0.0065	0.0273	0.0683	0.024	0.0442
ASS	0.2036***	1	−0.2128***	−0.0862*	−0.0646	−0.0285	0.1216***
FR	0.0353	−0.0362	1	0.0964**	0.3156***	−0.1195***	0.0771*
GRO	−0.0234	−0.0078	−0.0099	1	0.3811	0.1340***	−0.2700***
ROA	0.1221***	0.1211***	−0.0297	−0.0109	1	0.0769*	−0.1123**
GOV	0.0257	−0.034	−0.0797*	−0.0059	−0.0267	1	−0.1697***
SIZE	0.1051**	0.2547***	0.0965**	−0.0222	0.2149***	−0.1606***	1

注：*、**、***分别表示在10%、5%和1%的统计水平上显著。

3. 回归分析

本书采用无形资产占总资产的比例（ASS）作为资产专用性的计量指标，研究并购方资产专用性对短期并购绩效（CAR）的影响。回归结果如表4-5所示。从表模型系数中可以看出，ASS与CAR值之间的回归系数显著为正，说明资产专用性与短期并购绩效显著正相关，假设成立，对上述模型进行 VIF 共线性分析，结果如表4-6所示。从表4-6中可以看出，每个模型的 VIF 值均小于5，说明模型中各变量之间不存在共线性问题。最后本书采用新的窗口期计算 CAR 值，对回归结果进行稳健性检验，模型的回归结果与表4-5中的回归结果相同，说明假设成立，并且结果具有稳健性。

表 4-5　回归分析

变量	模型		
CAR	1	2	3
ASS	7.1600 ***	7.2416 ***	7.6293 ***
	(4.60)	(4.35)	(4.64)
FR	0.0384	0.0571	0.0586
	(1.11)	(1.54)	(1.60)
GRO	−0.0092	−0.0020	−0.0009
	(−0.33)	(−0.07)	(−0.03)
ROA	0.2754 *	0.2770	0.2087
	(1.73)	(1.62)	(1.24)
GOV	0.4684	0.3102	0.2656
	(1.06)	(0.66)	(0.57)
SIZE	1.2746	1.7204	1.4708
	(0.53)	(0.66)	(0.57)
年份	控制	控制	控制
行业	控制	控制	控制
样本数	465	465	465
ε	579.3652	755.7665 *	818.1065 *
	(1.45)	(1.76)	(1.93)
R^2	0.1960	0.1815	0.1803
调整 R^2	0.1365	0.1209	0.1196
F	3.2912	2.9936	2.9702

注：*、**、***分别表示在10%、5%和1%的统计水平上显著；括号内数值为各系数的标准误差。

表 4-6　资产专用性与并购绩效 VIF 共线性分析

变量	模型		
CAR	1	2	3
ASS	1.22	1.22	1.22
FR	1.08	1.08	1.08
GRO	1.1	1.1	1.1
ROA	1.11	1.11	1.11
GOV	1.22	1.22	1.22
SIZE	1.36	1.36	1.36
YEAR	5.52	5.52	5.52
IND	6.51	6.51	6.51
均值	2.39	2.39	2.39

　　本节主要从并购方的资产专用性方面研究并购后的并购方绩效的变化。本书采用累计超常收益率对并购事件发生前后短期的市场反应进行了影响机制的实证检验，检验结果为，并购方的资产专用性与短期绩效之间显著正相关，即资产专用性越高的并购方在并购后能够发挥并购双方的资产匹配优势，提高短期并购绩效，该结论证明了前文的影响机制假设。

5 剩余控制权基于产业层面的海外并购倾向研究

上一章从理论角度得到了剩余控制权对制造业企业海外并购绩效的影响机制，研究结果表明，企业为了获得更高的投资效率，会根据自己对剩余控制权的掌握与否进行不同的海外组织形式。

Hart 和 Moore（1990）指出契约的不完全性使得事前的专用性投资无法写入契约，因而在事后的再谈判过程中投资方就会面临被"敲竹杠"的风险，从而导致投资的无效率。依据产业特点不同选择不同的海外组织形式有助于降低契约不完全程度，缓解团队生产中的道德风险，从而深化劳动分工和促进技术采用，进而提高劳动生产率（Acemogluet 等，2007），因此会增加承接国际外包、加大深度参与垂直分工的可能。同时，Grossman 和 Helpman（2002、2003）认为作为跨国公司参与国际分工的两种模式，FDI 与国际外包在企业的选择上是一种替代关系，因此理论上掌握剩余控制权的产业国际外包率就会整体提高。这也是有待本章节验证的重要假设。

在此基础上，本节将结合我国产业层面的面板数据，通过计量模型对上述理论影响机制进行实证研究。具体研究思路如下：首先以 10 年跨度内我国 16 个制造业产业的面板数据为样本，通过测算得到各产业历年来的垂直专业化水平，与剩余控制权的一系列解释变量指标进行定量回归分析，验证理论模型中的影响机制假设。

5.1 变量与模型说明

由于本书的理论模型假设企业在参与全球化生产的特定阶段中缺乏剩余控制权，因此将选择于使用海外并购的形式生产。根据国际外包与跨国并购两者的替代关系，本章讨论的中国制造业企业海外并购的选择随着国际外包的提升而下降，又随着国际外包的降低而升高。因此本章选取我国 2002—2011 年 10 年 16 个制造产业的国际外包水平指数作为被解释变量，结合理论模型，试图能以此验证剩余控制权对我国制造业企业海外并购绩效选择的影响机制。在本节中，除了基础的面板数据回归，本书还将采用工具变量法和分位数回归的方法进行定量分析。

5.1.1 被解释变量说明及测算方法

本书采用 10 年间我国 16 个产业的面板数据作为解释变量进行实证分析。选取 2002—2011 年的数据是因为，2001 年 11 月我国正式加入世界贸易组织（WTO），这对我国承接国际外包影响重大；而 2007 年发生了席卷全球的次贷危机，危机的影响在 2008 年之后逐步显现出来。所以跨越 10 年的数据能比较稳定地反映本书所关心的变化和变量作用。

由于缺乏产品转移的具体信息及测算外包的直接变量，对国际外包水平进行测算比较难。目前国际上测算外包水平的指标主要有 4 种，即 IITM 法（中间品进口额与总进口额之比）、IITI 法（中间品进口额与总投入之比）、IIGO 法（中间品进口额与总产出之比）和 VS 法（垂直专业化指数），这 4 种测量外包水平的指标大量出现在研究外包的文献当中。Horgos（2009）通过研究得出，现有文献结论之所以存在如此大的差异，是因为不同的研究采用了不同的外包定义和度量方式。他利用偏离份额分析法对以上 4 种测算指标进行研究，通过对比分析发现，VS 法（垂直专业化指数）最能衡量一个国家、地区或产业的外包水平。国内对这一问题的研究也大多采用 VS 法，如北京大学中国经济研究中心课题组（2006）、陈仲常（2010）、魏浩（2012）等。因此，本书也利用垂直专业化指数来衡量各行业的外包水平。

VS 法是由 Hummels（2001）提出来的，即运用投入产出法将一国进口品分为用于国内最终消费与用于出口品生产两部分，然后按进口品用于出口的价值与出口额的比率来定义"产业内贸易"或"垂直专门化比率"，计算公式如下。

$$VS_i = \left(\frac{M_i^j}{Y_i}\right) X_i = \left(\frac{X_i}{Y_i}\right) M_i^j \tag{5.1}$$

其中，VS_i 表示 i 产业的外包率，M_i^j 表示 i 部门进口的中间产品，Y_i 表示 i 部门的总产出，X_i 表示 i 部门的总出口，式（5.1）表示进口品（包括国内消费与出口）中用于出口的价值和出口额的比率。本书通常用出口中 VS 的比重来衡量服务外包的程度，用 VSS 表示如下。

$$VSS = \frac{VS}{X} \tag{5.2}$$

式（5.2）写成矩阵形式为式（5.3）。

$$VSS = \frac{1}{x} \times u \times A^m \times X^V \qquad (5.3)$$

其中，u 代表元素为 1 的 1×n 维向量；A^m 是表示对进口中间产品的依存系数的 n×n 阶矩阵，即进口系数矩阵；X^V 是 n×1 阶出口列向量。式（5.3）仅仅计算了进口中间投入直接被用于出口产品生产的情况。考虑到某项进口品作为投入品进入某个部门的产品生产后，其产出品可能再次作为中间投入品进入其他部门并继续循环下去，一直循环到出口最终产品的生产部门，Hummels（2001）对式（5.3）的基本度量进行了修正，得出修正后的一国垂直专业化贸易比率（VSS）。

$$VSS = \frac{1}{x} \times u \times A^m (I - A^d)^{-1} X^V \qquad (5.4)$$

其中，A^d 为国内消耗系数矩阵，即国内使用投入产出表的直接消耗系数矩阵；$(I - A^d)^{-1}$ 表示进口的中间产品用于其他产品生产并最终用于出口的系数，即进口中间产品的间接效应；I 表示单位矩阵。式（5.4）可以表示进口的中间投入品最终包含在出口产品之前在各个生产阶段的综合使用，在回归模型中本书用 *outs* 表示该指数。

本书选取了 16 个制造业产业作为研究对象。直接消耗系数来自 2002 年、2005 年、2007 年、2010 年 42 个行业的投入产出表数据，缺失的直接消耗系数利用相近年份的数据进行替代。制造业进出口数据来自联合国 UNComtrade 数据库 SITC Rev. 3，由于投入产出表的产业分类与 UNComtrade 不一致，因此需要对相关行业按照定义进行归集，具体方法及数据参见盛斌（2002）、钟惠芸（2013）提供的工业行业与 SITC Rev. 3 的对照码。

从测算结果对我国的外包水平进行简单分析，我国总体外包平均水平先上升后下降。外包总体水平的变化可以分为两个阶段，分别是 2002—2006 年和 2007—2011 年。第一个阶段，在加入世界贸易组织的推动下，我国国际外包水平不断提高，达到最高值 0.274。但是，随后外包水平突然下降，2007 年降至 0.225，下降幅度达到 17%。值得注意的是，国际金融危机的全面爆发始于 2008 年，国际外包提前对国际金融危机做出了反应。制造业外包水平变化经历了一个先上升后下降的过程。从行业分类外包水平看，大多数劳动密集型行业的服务外包水平经历了一个下降的过程，如纺织、服装皮革、木材加工等行业下降明显，从一个侧面说明了劳动密集型行业的产业竞争力在不断下降；资本密集型行业大多经历了一个上升的过程，如石油加工、炼焦、金属冶炼、非金属矿物制品业、化学工业等，说明资本密集型行业的产业竞争力在这一时期提升较快，参与国际分工程度加深。

5.1.2 解释变量说明及测算方法

1. 产业上游度

模型的关键数据产业阶段 m 用企业所在产业事件该年的产业上游度来表示。上游度作为核心解释变量，本书用定量的方法，对我国产业上游度进行测算。产业上游度（upstreamness）是 Pol Antras、Davin Chor、Thibaul Fally 和 Russel Hillberry 在 2012 年正式提出的概念，是指某一产业与最终消费使用的平均距离。关于具体的产业上游度测算法，Fally（2012）与 Antras 等（2012）分别给出了不同的求解路径。这两种测算上游度的方法略有不同，但事实上它们殊途同归。

计算方法如下，首先建立一个 N 个行业的无创新进步的封闭经济环境，对于每个产业 i，总产出 Y_i 的值等于最终产品 F_i 和其他产业对该产业投入的中间品 Z_i 的加总，即式（5.5）。

$$Y_i = F_i + Z_i = F_i + \sum_{j=1}^{N} d_{ij} Y_j \qquad (5.5)$$

根据列昂惕夫的表述，一国某行业的总产出可以表示为该行业的最终产品及其他行业对该行业所生产中间品的总消耗，其中 d_{ij} 表示 i 行业到生产 1 单位 j 产业产品所需的投入量，F_i 表示 i 产业的最终产品。按照这个逻辑，本书可以将 i 产业的产出表达为一个无穷数列，以反映这个产业在价值链上不同位置的产出，即式（5.6）。

$$Y_i = F_i + \sum_{j=1}^{N} d_{ij} F_j + \sum_{j=1}^{N} \sum_{k=1}^{N} d_{ik} d_{kj} F_j + \sum_{j=1}^{N} \sum_{k=1}^{N} \sum_{l=1}^{N} d_{il} d_{lk} d_{kj} F_j \qquad (5.6)$$

基于此，Antras 和 Chor（2011）提出计算得出一个产业的产出在价值链中的加权平均位置 U_i，即式（5.7）。

$$U_i = 1 \times \frac{F_i}{Y_i} + 2 \times \frac{\sum_{j=1}^{N} d_{ij} F_j}{Y_i} + 3 \times \frac{\sum_{j=1}^{N} \sum_{k=1}^{N} d_{ik} d_{kj} F_j}{Y_i} + 4 \times \frac{\sum_{j=1}^{N} \sum_{k=1}^{N} \sum_{l=1}^{N} d_{il} d_{lk} d_{kj} F_j}{Y_i}$$

$$(5.7)$$

U_i（$U_i \geq 1$）为 i 行业最终产品及各阶段中间产品在总产出中所占比率的加权平均值，权重值越大，该行业就有相对更高的上游度。当且仅当 i 行业的所有产品都是最终产品时，U_i 才等于 1。同时，i 产业距离最终消费品越远，其上游度越大。在实际计算中，Antras 等使用 Fally 的方法估计了封闭经济下各行业的上游度并证明了式（5.8）。

$$U = [I - \Delta]^{-1}u \tag{5.8}$$

其中，Δ 表示以 $d_{ij}Y_j/Y_i$ 为 (i, j) 项元素的矩阵，u 表示 N 维单位向量，$U = (U_1, U_2, \cdots, U_N)$ 表示由各行业上游度组成的列向量。上述计算是基于封闭经济下某国各行业的上游度计算，能够度量一个封闭国家不同行业之间的上下游关系，但无法进行跨国比较，因为无法反映各国之间交叉的投入产出关系。进一步地，在开放经济中，Antras 调整上游度指标将 i 行业的总产出减去该行业的净出口，在计量模型中本书用 *upst* 表示上游度指数。

2. 进口需求弹性

本书的理论模型与命题假设事实上预测了次序互补和替代的情形，命题中的两种情形 $\rho > \alpha$ 记为 ρ_1，$\rho < \alpha$ 记为 ρ_0，以经验分析得出各个中间品投入之间的技术替代率。但是本书的分析还是受限的，因为对中间品投入之间的替代率的测算无法在现有文献和数据来源中得到。因此本书假设 α 在各部门间的变化与需求弹性都是无关的，ρ 为一个行业投入的平均买家，这样本书能将次序互补型产业和比较高的 ρ 值联系起来，将次序替代型和比较低的 ρ 值联系起来。

构建这个平均进口需求弹性，采用 Broda 和 Weinstein（2006）以 10 位 HS 产品贸易数据分解编码测算的美国进口需求弹性的方法。对每个 2002 年的产业投入产出，计算出一个与 HS10 产品贸易权重平均弹性相等的需求弹性，使用中国出口作为权重。下一步，利用一个行业间权重平均弹性（投入量为 i），与 2002 年中国投入产出表中的投入值成比例的权重。最后的计算可以将行业 i 自身的进口需求弹性分配到 i 的最终使用量。可以从这个计算中得出的平均进口需求弹性就是做实证研究时 $1/(1 - \rho)$ 的替代指标。在模型实际使用中，为方便对事件聚类分析，本书借鉴陈勇兵等（2014）的相应成果，按照是否高于制造业整体平均弹性将制造业所有行业大致划分为低进口需求弹性型和高进口需求弹性型两类[①]。

3. 产业契约敏感度

所谓契约密集度指的是不同行业对契约执行效率的敏感度，该指标取

---

① 其中 C5、C6、C7、C8、C11、C12、C13、C16、C17、C18、C20 弹性偏高产业（互补型）在描述统计中记为 1，在模型中用 ρ_1 来表示；C9、C10、C14、C15、C19、C21、C22 弹性偏低的产业（替代型）在描述统计中记为 0，在模型中用 ρ_0 来表示。

值越大，表明该行业受契约执行效率的影响程度越高。契约的不完全性对全球价值链生产所造成的影响同时也会随着不同的契约密集度即产业对契约执行效率敏感程度的不同而有所不同，进而对企业绩效产生不同的影响。对契约执行效率敏感程度较低的行业，契约的不完全性对全球价值链生产所造成的影响应当相对较弱，此时行业所处上游度位置和剩余控制权大小的相互关系也很可能有所不同，基于此，本书将产业契约敏感度（intensity）作为与主解释变量的交互项纳入模型。

不同产业对契约执行效率的敏感程度的相应指标本书直接参考了 Nunn（2007）的测算结果。Nunn（2007）基于 Rauch（1999）的分析，认为生产过程中投入品的差异化程度会影响投入品市场结构，而市场结构差异又决定了厂商和投入品供货商间的契约性质，进而决定了行业契约密集度。在实现充分竞争的投入品市场，买卖双方都没有较强的议价能力，不存在"敲竹杠"的风险，对关系型契约的依赖程度最低。而在完全差异化的投入品市场，由于资产的专用性，这类投入品在契约关系之外的价值几乎为0，面临较高的"敲竹杠"的风险，因此对关系型契约的依赖程度最高。而第二类产品由于有公认的指导价格作为参考，因此对关系型契约的依赖程度居中。基于这一逻辑，Nunn（2007）依据美国投入产出表识别各行业最终产品所需的中间投入品的种类和比例，构建了如下契约密集度指标。

$$Z_i = \sum_j \theta_{ij} R_j^{neither} \tag{5.9}$$

其中，Z_i 为产业的契约密集度数，$\theta_{ij} = u_{ij}/u_i$，u_{ij} 表示行业 i 所使用的行业 j 的中间投入量，$u_i = \sum_j u_{ij}$ 表示行业 i 所使用的所有行业的中间投入总量，$R_j^{neither}$ 代表行业 j 中既没有"参考价格"（reference price）也没有"机构交易产品"（organized exchanges）的产品所占比例。根据这一指标，Nunn（2007）计算了各行业的契约密集度。本书中的契约敏感度指数（intensity）就用该密集度指数表示。

4. 控制变量

其他可能影响实证研究的因素作为控制变量引入模型，引入相关控制变量的理由及数据测度来源或方法如下。

产业集中度指数是影响企业绩效的重要因素，产业集中度对企业绩效的影响，理论上的研究虽然揭示了产业集中度与利润率之间存在着正相关关系，并将原因归咎于合谋和垄断，但经验上的分析得出了许多不同的结论（郝书辰和马恩涛，2012）。本书选择赫芬达尔—赫希曼指数（*HHI*）来表示产业集中度。HHI 是一种测量产业集中度的综合指数，是指一个行业中各市场竞争主体所占行业总收入或总资产百分比的平方和，用来计量市场份额的变化，即市场中厂商规模的离散度。在计算过程中，是用某特定市场上所有企业的市场份额的平方和来表示的，其公式为（5.10）。

$$HHI = \sum_{j=1}^{N} (S_{ij} - X_j)^2 \qquad (5.10)$$

其中，X 为市场的总规模；X_j 为第 j 个企业的规模；S_{ij} 为第 i 个企业的市场占有率；N 为该行业内的企业个数。以 HHI 值为基准的市场结构分类，一般而言，HHI 的值应介于 0 与 1 之间，显然，HHI 越大，表示市场集中程度越高，垄断程度越高。利用 HHI 测量某一行业的市场集中度，不仅能反映市场内大企业的市场份额，而且能反映大企业之外的市场结构，因此能更准确地反映大企业对市场的影响程度。并且，由于 HHI 值对规模较大的上位企业的市场份额反应比较敏感，而对众多小企业的市场份额小幅度的变化反应很小，因此，HHI 指数对规模较大的前几家企业的市场份额比重的变化反应特别敏感，能真实地反映市场中企业之间规模的差距大小，并能在一定程度上反映企业支配力的变化。本阶段预测该指数与被解释变量负相关。

产业竞争力是与国际外包水平相关的一个重要指标，指该产业产品的产业国际竞争力，该指标一般采用显示性比较优势（RCA）指标。显性比较优势指数是衡量一个国家的产业在国际市场竞争力最具说服力的指标（周青梅，2014）。本书用该指数来表示样本并购企业所在产业的国际竞争力。

RCA 指数由 Balassa 于 1965 年提出，在很多研究和政策的应用中得到广泛使用。一般的应用中 RCA 指数定义是：一个国家的某个部门的出口贸易占整个国家的出口总量的份额与该部门在全世界的出口量占世界出口的份额之比。计算公式如式（5.11）所示。

$$RCA_{ij} = (X_{ij}/X_{tj}) / (X_{iw}/X_{tw}) \qquad (5.11)$$

其中，RCA_{ij} 为 j 国 i 商品的显示比较优势指数，X_{ij} 表示国家 j 商品 i 的出口值，X_{tj} 表示国家 j 的总出口值；X_{iw}、X_{tw} 分别表示世界 i 商品的出口总值和世界所有产品的出口总值。当 RCA 指数小于 1 时，说明该国的这个部门没有显示比较优势。

本书综合考虑出口生产的国内和国际生产分工，使用 KWW 定义的一种测量一个国家—部门显示性比较优势的新指标重新核算了国家—产业层面

的 *RCA* 指数，包含了我国 16 个产业。产业选取同样采用工业行业与 SITC Rev. 3 的对照码，16 个产业包括制造业，不包括农业与服务业出口。一个产业的国际竞争力决定了企业在国际贸易中的谈判话语权高低，更高的谈判能力将提升企业的剩余控制权，从而使企业更倾向于外包，因此本阶段本书预测该指数与被解释变量国际外包水平为正相关关系。

另一个与外包水平相关的变量是技术复杂度指数（DTS），中国出口产品产业技术复杂度的快速提升很大程度上得益于出口加工贸易的迅猛发展和出口产品贸易结构的逐步改善，而加工贸易在我国国际贸易和外包中有着非常重要的地位。杜传忠（2013）通过借鉴的国际垂直专业化分测度方法，对测算出口技术复杂度的模型予以适当修正，构建了一套测算出口品国内技术复杂度的新方法，以全部剔除出口商品中所包含的进口中间投入品价值，进而分别从全国、产业及地区三个层面对一年期间中国工业制成品出口的国内技术复杂度进行了相对更为准确的测算和分析。由此，本书使用杜传忠（2013）在垂直专业化分视角下测算的我国制造业出口产品的国内技术复杂度作为表示产业技术复杂度的控制变量引入实证研究的计量模型。

最后，本书引入了国家层面上分行业的总产出水平（output）这一指标来对一些可能对价值链指标造成外生冲击的因素及相关的规模效应加以控制，该数据来源为于历年《中国工业经济统计年鉴》。

5. 产业链所在位置的替代变量

为了考察模型是否有严重的内生性问题，本书还在后面的小节采用 Wang 等（2017）的方法计算的上游度指数（upstw）作为样本所在产业链位置的工具变量进行回归，并用豪斯曼检验是否存在内生性。

5.1.3 模型的建立与解释

根据前文假设分析，上游度指数及产业出口需求弹性是影响国际外包水平的重要因素，反映了制造业企业对海外并购的倾向性，是本书主要关心的变量。同时，契约敏感度、产业竞争力、产业技术复杂度及分产业总产出也是影响国际外包水平的重要因素，因此，本书设定计量模型（5.12）。

$$outs_{it} = \beta + \alpha_1 upst_{it}(\rho_1) + \alpha_2 upst_{it}(\rho_0) + \gamma Controls + \varepsilon \qquad (5.12)$$

其中，模型中下标 i 表示产业，t 表示年份，$outs_{it}$ 为外包水平，$upst_{it}$ 为所在产业的上游度指数，ρ_1 和 ρ_0 表示该产业的进口需求弹性的高低分组，重点关注的是 α_1 和 α_2 两个系数的方向，*Controls* 为控制变量集，ε 为随机误差项。

考虑到契约密集度与上游度指数之间可能存在着的交互影响，本书进一步在式中引入产业契约密集度 *intensity* 与价值链位置 *upst* 的交互项，得到模型（5.13）。

$$outs_{it} = \beta + \alpha_1 upst_{it}(\rho_1) + \alpha_2 upst_{it}(\rho_0) + \beta_1 upst_{it}(\rho_1) \times intensity_{it}$$
$$+ \beta_2 upst_{it}(\rho_0) \times intensity_{it} + \gamma Controls + \varepsilon \qquad (5.13)$$

接下来几节将以式（5.13）为基准模型进行经验研究，以此结果分析并验证本书的假设。研究从中间产品生产国的视角，对中国制造业产业参与全球生产链过程中的决策倾向与产业上游度指数、产业契约敏感度、产业国际竞争力、产业集中度、产业总产出、产业技术复杂度等因素之间的相关关系进行检验。根据理论模型的结果，企业在参与全球生产链中的并购倾向与主要决定因素之间的相关关系总结如表5-1所示。

表5-1　企业并购倾向与主要决定因素之间的相关关系

产业特征	产业市场特征	产业所处阶段	剩余控制权	决策倾向
替代型	进口需求弹性低	上游度高	低	并购
		上游度低	高	外包
互补型	进口需求弹性高	上游度低	低	并购
		上游度高	高	外包

5.2　经验研究及结果

5.2.1　描述性统计结果

变量说明与数据来源及变量总体描述统计如表5-2、表5-3所示。从总体描述统计中可以观察到，外包水平的最大值为 0.382、最小值为 0.076，标准差为 0.671，各样本间的差距显著。因为样本分属于 16 个不同产业 10 年间的数据，因此各样本在产业上游度指数、产业契约敏感度上的差异也是比较显著的。各控制变量，除产业聚集度标准差偏低外，其他几个变量在各样本间差异明显。

表 5-2　变量说明与数据来源

变量名称	指标选取	数据来源
国际外包水平（outs）	垂直专业化率	各地区统计年鉴
产业上游度（upst）	上游度指数	WIOD 世界投入产出表
进口需求弹性（ρ）	弹性相对大小	CEPII—BACI 贸易数据
产业契约敏感度（intensity）	契约密集度指数	中国分省份市场化指数报告
产业竞争力（RCA）	显示比较优势指数	联合国贸发会议数据库 WIOD 世界投入产出表
产业聚集度（HHI）	赫芬达尔—赫希曼指数	中国工业经济统计年鉴
产业总产出（output）	产出总量	中国工业经济统计年鉴
产业技术复杂度（DTS）	国内技术复杂度	联合国贸发会议数据库 世界银行 WDI 数据库

资料来源：作者总结。

表 5-3　变量总体描述统计

变量	样本量（个）	最小值	最大值	均值	标准差
outs	160	0.076	0.382	0.222	0.671
upst	160	1.820	4.220	3.066	0.651
ρ	160	0	1	0.375	0.486
intensity	160	0.520	0.984	0.887	0.123
RCA	160	0.303	4.441	1.123	0.833
HHI	160	0.00559	0.19815	0.0492	0.039
lnops	160	10.669	14.573	12.772	0.955
lndts	160	8.898	10.021	9.764	0.230

资料来源：作者综合计算得出。

从外包水平与各解释变量不区分产业特征的总体相关系数矩阵，可以得到此矩阵中上游度指数与外包水平的弱正相关关系，契约的敏感度则与外包水平的正相关性为 0.6495，绝对值高于 0.4，初步说明了契约制度对国际外包的作用。控制变量方面，与外包水平呈负相关的为产业竞争力的 -0.3015 及产业技术复杂度的 -0.3593，与外包水平呈正相关的为产业聚集度的 0.088 及产业总产出的 0.2181。此外，本书还发现，不同类别解释变量之间的相关系数在可接受范围之内，不存在严重的多重共线性。

由于进口需求弹性的产业特征在本书的分析中将起到关键作用，因此表 5-4 对总体样本分组进行描述统计。其中样本中的 37.5% 为高进口需求弹性（互补型）产业数据，数据 T 检验适合正态分布的样本分析，秩和检验适用于非正态分布的样本。结果显示，高进口需求弹性样本（互补型）的平均外包水平指数低于低进口需求弹性样本（替代型），并且在 5% 水平上通过检验和秩和检验，说明高进口需求弹性样本相对而言更倾向于并购。上游度指数方面，两组均值分别为 3.326 和 2.910，说明高进口需求弹性商品上游度指数高于低进口需求弹性商品，与陈勇兵（2014）最终产品尤其是资本品的平均进口需求相对缺乏弹性，而初级产品和中间产品的进口需求对其价格变化则相对敏感的结论吻合；产业的契约敏感度方面，两组均值分别为 0.789 和 0.964，均值差异度显著，利于本书的分析。

表 5-4　分产业特征的描述统计

变量	总体		替代型		互补型		差异分析	
	均值	中位数	均值	中位数	均值	中位数	T 检验	秩和检验
outs	0.222	-0.006	0.168	0.169	0.255	0.252	0.00	0.00
upst	3.066	2.818	3.326	3.548	2.910	2.690	0.00	0.00
intensity	0.887	0.927	0.789	0.670	0.964	0.962	0.00	0.00
RCA	1.123	0.824	1.217	0.950	1.067	0.793	0.271	0.114
HHI	0.0492	13.561	0.062	0.047	0.041	0.028	0.001	0.001
lnopt	12.772	12.763	12.470	12.464	12.953	12.929	0.001	0.002
lndts	9.764	9.830	9.848	9.871	9.714	9.811	0.00	0.00

资料来源：作者综合计算得出。

5.2.2　初步回归结果及分析

1. 全样本回归结果分析

表 5-5 详细列出了以国际外包水平为表征的我国制造业企业海外并购倾向作为被解释变量，以产业全球价值链所处位置为核心解释变量的全样本的面板数据固定效应回归结果。需要说明的是，初步回归分三步进行，首先表 5-5 的列（1）为没有引入产业契约敏感度的回归结果；其次，在列（2）中将本书密切关注的产业契约敏感度作为主解释变量引入回归中；最后，为了观察在产业的剩余控制权影响并购倾向中契约敏感度发挥的作用，列（3）引入了上游度指数与产业契约敏感度的交互项进一步观察回归结果。

本书对式（5.13）的回归方程进行检验以判定使用混合模型、随机效应模型或固定效应模型。首先，用 F 检验分析混合模型和随机效应模型的优劣，F 检验结果其 P 值为 0.0000，在 1% 的水平下显著，应拒绝原假设，说明随机效应模型优于混合模型；其次，用豪斯曼检验分析随机效应模型和固定效应模型的优劣，由豪斯曼检验的结果可知，其值在 0.0002 的水平下显著，应拒绝原假设，采用固定效应模型而不是随机效应模型。因此，本书表 5-5 中采用的固定效应模型是正确的。

在初步回归中的三步回归分析中，仅加入上游度指数的列（1），得到显著性解释变量三个（上游度指数、RCA 指数、HHI 指数），$R^2 = 0.026$；引入契约敏感度指数的列（2），得到与 6 个显著性解释变量，模型整体拟合度有所提高，$R^2 = 0.456$；进一步将契约敏感度指数变量与上游度的交互项引入分析的列（3），得到显著性解释变量 6 个，模型整体拟合度也有了进一步的提高，$R^2 = 0.672$，参照以往的研究文献，该模型具有较好的解释能力。

表 5-5　全样本国际外包水平回归结果

变量	（1）	（2）	（3）
upst	0.6354 **	0.598 **	−0.258 **
	(0.57)	(0.81)	(−0.77)
intensity	—	−0.311 ***	−0.209 ***
		(15.94)	(1.82)
upst×intensity	—	—	0.366 ***
			(0.85)
RCA	0.0252 *	0.0835 **	0.0873 **
	(−4.38)	(−5.05)	(−4.88)
HHI	−0.0191 *	−0.0161 **	−0.0156 **
	(−1.54)	(−1.44)	(−1.4)
lnoupt	0.011	0.0229 *	0.0252 *
	(−0.02)	(−0.62)	(−0.66)
lndts	0.013	0.0828 **	0.0843 **
	(−4.87)	(−4.37)	(−4.28)
_CONS	0.509 **	0.800 ***	0.905 ***
	(5.53)	(3.99)	(3.52)
R^2	0.026	0.456	0.672
N	160	160	160

注：*表示在 10% 水平上显著，**表示在 5% 水平上显著，***表示在 1% 水平上显著；括号内数值为各系数的标准误差。

从表 5-5 全样本的回归结果可以看到，在核心解释变量方面，上游度指数的影响系数和本书的理论预期一致，行业全球价值链所处位置对制造业产业国际外包水平的影响在总体样本中并不显著，然而在列（2）中引入的契约敏感度指数对外包水平的影响是显著为负的，同时列（3）引入了上游度与契约敏感度指数的交互相也呈显著负相关。契约敏感度降低 1 个单位会带来样本 0.209% ~ 0.311% 的国际外包水平提升，同时提升了该产业跨国并购的倾向。

该结果说明，在全样本回归中，在不完全契约的下并没有区别产业进口需求弹性的高低，无法判定产业中企业的剩余控制权大小的情况下，对全样本的国际外包水平影响最显著的就是样本所在产业的契约敏感度指数。列（3）交互项的系数更加体现了这一关系，由此，契约敏感度高的产业受到的不完全契约影响程度加深，其结果是在总体上降低剩余控制权，以致国际外包水平下降，该产业的企业在参与国际生产链时将倾向于并购。

产业竞争力（RCA）与国际外包水平呈正相关关系，验证了前文的判断，值得注意的是，已有研究证实产业竞争力与国际外包水平只在短期内呈正相关关系，长期来看国际外包水平的提升与产业竞争力无显著相关性。

产业集中度（HHI）在回归结果中都与国际外包水平呈显著负相关，表明了国内市场化程度并不完善，政府干预导致的国企垄断并挤占民营企业生产空间的现象仍然普遍，这表明更高的产业集中度反而削弱了产业的剩余控制权，而使国际外包水平降低，从而提升该产业企业的并购倾向。

国家层面的产出规模对数（lnoutp）系数同样全部为正，这是规模效应的体现，要素投入规模对加工贸易提升的促进作用不可忽视；而产业技术复杂度水平的对数（lndts）与国际外包水平正相关，验证了前文的预测，即国内技术复杂度与加工贸易的增长呈正相关关系，加工贸易的增长提升了垂直专业化水平。

2. 样本分组回归结果分析

为了重点反映不同产业特征的影响，本书以式（5.13）为模型进行样本产业分组的面板固定效应回归，表 5-6 显示了以低产业进口需求弹性样本（替代型）及高产业进口需求弹性样本（互补型）为分组的回归结果。两个分组分别分以（1）（2）两步进行回归。根据上一个小节的全样本回归结果的分析可知，产业的契约敏感度（intensity）与外包水平的负向关系显著。因此，分样本回归中将直接在列（1）中引入该变量进行回归。同时在列（2）中则进一步将上游度指数与产业契约敏感度的交互项（upst×intensity）引入回归分析。

表5-6为样本所在产业的进口需求弹性特征分组回归的结果。两个分组分别分为（1）、（2）两步。首先，根据全样本回归结果的分析可知，产业的契约敏感度与外包水平的负向关系显著，因此，分样本回归中将直接在列（1）中观察该变量的回归结果；其次，在列（2）同样引入上游度指数与产业契约敏感度的交互项分组。回归后结果可以看到模型的拟合度上升，说明模型的解释力更强。

从表5-6中可以观察到，本书的核心解释变量上游度指数（upst）在不同的两组产业特征的样本中呈相反的显著相关关系，且相关正负关系符合前文对相关关系的预期。从数据结果来看，对替代型产业而言，价值链上游度降低1个单位，会带来0.0652%~0.136%的国际外包水平提升。即在替代型产业中，我国制造业企业在全球生产链位置向下迁移一个环节，会带来相应百分比的对跨国并购倾向的提升；对互补型产业而言，价值链上游度提升1个单位会带来0.036%~0.600%的国际外包水平提升。即在互补型产业中，我国制造业企业在全球生产链位置向上迁移一个环节，对跨国并购的倾向会带来相应百分比的降低。

表5-6 样本分组回归结果

变量	替代型		互补型	
	（1）	（2）	（1）	（2）
$upst$	-0.0652**	-0.136**	0.036*	0.600**
	(-4.52)	(3.10)	(3.50)	(1.57)
$intensity$	-0.264*	-1.041***	0.110*	2.162***
	(8.22)	(4.24)	(1.10)	(1.53)
$upst×intensity$	—	-0.230***	—	0.585***
		(-3.25)		(1.48)
RCA	-0.0251*	-0.0583**	-0.034*	-0.018*
	(-2.34)	(-3.89)	(-4.29)	(-1.29)
HHI	-0.189*	-0.195*	0.960**	0.983**
	(-2.1)	(-2.39)	(6.55)	(6.90)
$lnopt$	-0.00013	0.0092	-0.016	-0.019*
	(-0.02)	(1.26)	(-3.18)	(-3.86)
$lndts$	-0.104**	-0.113**	-0.020*	-0.029*
	(-1.39)	(-1.6)	(-1.15)	(-1.50)

续表

变量	替代型		互补型	
	（1）	（2）	（1）	（2）
_CONS	1.051***	0.589***	0.446***	-1.424***
	（1.51）	（0.86）	（1.92）	（-1.10）
R^2	0.64	0.70	0.50	0.52
N	60	60	100	100

注：*表示在10%水平上显著，**表示在5%水平上显著，***表示在1%水平上显著；括号内数值为各系数的标准误差。

与此同时，与全样本的面板固定效应回归不同的是，产业契约敏感度（intensity）与不同产业类型呈相异的相关关系，数据结果显示，替代型产业的契约敏感度提升1个单位将使国际外包水平下降0.264%～1.041%；互补型产业的契约敏感度提升1个单位将使国际外包水平提升0.110%～2.162%。

对于本章的两组关键相关关系系数，以下将对其原理与逻辑进行重点分析：在替代型产业分组下，上游度指数与国际外包水平呈负相关关系，同时，此时的契约敏感度指数与国际外包水平也呈显著负相关关系。上游度指数的系数符合前文的分析与预期，不完全契约效应使得替代型产业中处于靠近生产链上游的企业的剩余控制权低于靠近下游的企业，倾向于采用并购的方式参与到国际生产链中。契约敏感度的提高加深了企业对不完全契约效应带来的负面影响，使得剩余控制权进一步减弱，对并购的倾向性也进一步增强；与之相对应的是，在互补型企业分组下，上游度指数与国际外包水平呈正相关关系，契约敏感度指数同时也呈正相关。与前文分析的逻辑类似的，不完全契约效应使得互补型企业中处于靠近生产链上游的企业所掌握的剩余控制权高于靠近下游的企业，因此倾向于采用外包的形式参与到国际生产链中。契约敏感度的提高同样提升了该产业企业所掌握的剩余控制权，使得企业对国际外包的倾向性进一步增强。

带着这一结论，我们继续观察在引入上游度指数与契约敏感度的交互项后的结果。可以观察到，列（2）中的交互项系数在两个分组下正负相关关系，互补型产业企业中的高契约敏感度下，企业在产业链上游的剩余控制权较高，面临的"敲竹杠"风险更低，交易成本更低，经济利润较高，专用性投资增加，国际外包水平上升；替代型产业企业中的高契约敏感度下，企业在产业链上游的剩余控制权较低，面临的"敲竹杠"风险较高, 交易成本升高, 经济利润降低, 专用性投资下降, 国际外包水平降低。实证结果证实了高的契约敏感度进一步扩大了不完全契约效应。值得注意的是, 虽然核心解释变量契约敏感度指数在两种产业特征下与被解释变量的相关关系是相反的, 但是该指数在其中产生的作用是相同的, 即加深了不完全契约效应对该产业企业剩余控制权带来的影响。就像一场拔河角力中, 无论给哪一方打上一针强心剂, 都会让胜利的天平向那一方倾斜, 而强心剂自身与胜负是无关的, 对不同产业特征中的企业来说, 这针强心剂就是本书中更高的契约敏感度指数。另外, 其他控制变量相关系数方面与全样本回归结果基本吻合, 理由不再赘述。

5.3 可行最小二乘法（FGLS）回归

在实际经济问题中, 往往存在异方差的情况。例如, 在本章中, 国际外包水平越高的样本, 其可能的波动越大。计量模型中如存在异方差问题, 采用普通最小二乘法（OLS）估计模型参数, 估计量仍具有一致性和无偏性, 但不具有方差最小性（有效性）。

广义最小二乘法（GLS）是一种常见的消除异方差的方法。它的主要思想是为解释变量加上一个权重, 从而使得加上权重后的回归方程方差是相同的。因此, 在此方法下我们可以得到估计量的无偏和一致估计, 并可以对其进行普通最小二乘法（OLS）下的 t 检验和 f 检验。而如果使用广义最小二乘法（GLS）法来克服异方差的影响, 首先必须知道所需权数的函数形式为异方差的形式。一般情况下, 我们无法确切知道异方差真实的具体形式, 因此须先估计所加权重的拟合函数, 然后再进行加权估计, 这种方法称为"可行性 GLS", 即 FGLS。此外, FGLS 方法还能消除自相关的影响。

表 5-7 汇报了 FGLS 估计的回归结果。结果显示, 在用 FGLS 方法消除了异方差和自相关的影响后, 各个解释变量的系数仍然保持较高的显著性水平, 且其符号完全符合本书的预期。

表 5-7 FGLS 估计结果

变量	全样本	替代型	互补型
upst	0.0119	−0.118***	0.298***
	(0.49)	(2.52)	(1.26)
intensity	0.325***	−0.932***	1.062***
	(3.88)	(3.54)	(1.22)
upst×intensity	−0.0123	−0.197***	−0.280***
	(−0.41)	(−2.54)	(−1.14)
RCA	−0.03	−0.0551*	−0.041**
	(−5.47)	(−3.52)	(−4.06)
HHI	−0.0437*	−0.246**	1.139***
	(−0.43)	(−3.29)	(7.93)
lnopt	0.00524	0.0124**	−0.0061*
	(1.49)	(1.61)	(−0.32)
lndts	−0.102*	−0.1403**	0.0093*
	(−4.52)	(−2.09)	(0.44)
_CONS	0.899**	0.900***	−0.866***
	(3.50)	(1.39)	(−1.10)
R^2	0.314	0.704	0.306
N	160	60	100

注：*表示在10%水平上显著，**表示在5%水平上显著，***表示在1%水平上显著；括号内数值为各系数的标准误差。

5.4 内生性及稳健性检验

使用产业层面变量研究经济问题时，往往会产生内生性问题。对本书而言，生产链位置处于上游的产业，往往有技术密集型的特点；生产链位置处于中游的产业，往往呈现劳动密集型的特点；生产链位置处于下游的产业，往往呈现资本密集型的特点。与这些特点相对应的外包水平是会产生内生变化的，其隐含前提是企业都试图在全球价值链中不断向上攀升，例如，技术密集产业，企业为了技术上的提升往往倾向并购获取自身没有的研发能力；劳动密集型产业，企业为了剥离低端制造业往往倾向将大规模生产活动外包出去；资本密集型产业企业可能两者兼有，但总体的目标也是价值链的攀升。

因此，本书的实证研究中，上游度指数的变量可能会存在内生性问题。严重的内生性问题导致的估计结果是有偏的或非一致的。通常，解决内生性问题的普遍做法是使用工具变量。一个好的工具变量应满足以下条件：首先，工具变量本身应独立于被解释变量，即具有外生性；其次，工具变量与内生解释变量之间应存在较强联系。也就是说，工具变量最好能仅通过影响内生解释变量来影响被解释变量，且其本身不受被解释变量影响。接下来，本节将分别采用替换变量回归及二阶段最小二乘法（2SLS）的方式对模型可能存在的内生性及稳健性进行进一步调整与考察。

5.4.1　替换变量回归

为了进一步检验本书所关心的上游度指标的内生性问题，本书借鉴了 Wang 等（2017）的思路，重新估算了上游度，定义 upstw 为该方法测算的上游度指数，以此作为上游度指数的替换变量进行回归。由于数据缺失问题，样本总数为 144 个。

Wang 等（2017）中的各产业在产业链中所处位置的指标是由全球价值链中各产业的前向关联的生产链长度与后向关联的生产链长度的比值决定的，即式（5.14）。

$$GVCP_{s}^{s} = \frac{PLv\_GVC^{s}}{PLy\_GVC^{s}} \tag{5.14}$$

其中，$GVCP_{s}^{s}$ 指产业 S 在全球价值链中所处位置，PLv_GVC^{s} 与 PLy_GVC^{s} 分别为全球价值链中产业前向关联与后向关联的两个生产链长度。该指标大小在 1 附近，综合了上游度和下游度的概念，指标的值越大，说明上游度指数越高。本书中 $GVCP_{s}^{s}$ 即前文定义的工具变量 upstw，产业链长度的分析与推导过程详见 Wang 等（2017）。

该指标的主要思想是 Wang 等（2017）定义的平均生产链长度的概念。平均生产链长度为次序生产过程中生产要素创造的增加值被计算为总产出的平均次数，即累计的总产出与相应价值链中的增加值之比，或者增加值引致的总产出的倍数。该文还基于 KWW（2014）的分解方法，把生产链长度分解为纯国内部分、李嘉图贸易部分及全球价值链相关部分，从而可以进一步定义全球价值链的生产链长度。Fally（2012）研究发现生产链长度变短的结论不具有代表性，对于高收入国家如美国、日本具有一定适应性。1995—2011 年，发展中国家如中国的生产链长度基本上处于变长阶段。由于发展中国家的变长幅度大于发达国家的变短幅度，导致全球的生产链长度变长；对生产长度的分解分析发现，几乎所有国家的国际生产长度都在上升。

由此，我们可知 Wang 等（2017）的上游度指标与之前使用的指标定义与含义都有很大差异，使用该指标作为解释变量可以为本书获取更稳健的结论。从表 5-8 中我们可以看到，Wang 等（2017）的产业链位置（upstw）作为替换变量的回归结果。豪斯曼检验结果为：Prob>chi2 = 0.0000。通过结果可知内生性问题的存在，后文将直接使用 Wang 等（2017）方法测算的产业链位置作为核心解释变量进行实证分析。

表 5-8　替换变量回归结果

变量	全样本	替代型	互补型
$upstw$	−0.692	−0.409***	0.742***
	(−2.44)	(−1.07)	(−3.39)
$intensity$	−0.550**	−0.548***	0.638**
	(−1.80)	(−1.09)	(−3.56)
$upstw×intensity$	0.872**	0.793***	0.789***
	(2.85)	(1.59)	(3.46)
RCA	−0.016**	0.0133**	−0.026*
	(−3.33)	(0.90)	(−3.77)
HHI	−0.350*	0.295***	0.998***
	(−0.34)	(1.48)	(5.70)
$lnopt$	0.004	−0.0058	0.00296
	(−0.34)	(−0.92)	(0.49)
$lndts$	−0.0868**	−0.0519**	−0.0227***
	(−4.67)	(−0.64)	(0.49)
_CONS	1.455***	0.955***	6.196***
	(4.23)	(1.26)	(3.72)
R^2	0.606	0.681	0.603
N	144	54	90

注：*表示在10%水平上显著，**表示在5%水平上显著，***表示在1%水平上显著；括号内数值为各系数的标准误差。

为了使结果更加可信，本书使用契约密集度的测度指标的替代指标。为了进一步证实前文结论的稳健性，本书采用 Nunn（2007）提供的另一个测度指标，即作为契约密集度的替代指标，引入契约密集度替代指标作为其本身的工具变量进行相应检验。使用工具变量的豪斯曼检验结果为：Prob>chi2=0.4073。结果无法从可接受的显著性水平上拒绝原假设，从一定程度上说明我们选取的工具变量不存在严重的内生性问题。

5.4.2 二阶段最小二乘法（2SLS）回归

延续上一节的分析，契约实施效率的不同很大程度上取决于契约实施制度的差异，而制度对经济的影响可能会存在内生性问题。为此，我们根据通常做法，使用契约执行效率的其他指标作为工具变量，进行了二阶段最小二乘法（2SLS）估计。表5-9显示了2SLS的回归结果，产业契约敏感度、RCA 指数、HHI 指数及总产出对数、技术复杂度的对数系数的显著性都有一定提升，且其符号符合我们的预期。此外，契约实施效率指标的相关系数亦略有增加。显然，使用 2SLS 在从一定程度上解决了内生性问题后，我们得到了更加优良的结果。

表5-9 二阶段最小二乘法（2SLS）回归结果

变量	全样本	替代型	互补型
upstw	0.126	-1.441***	0.1945***
	(0.874)	(0.77)	(0.64)
intensity	0.489**	-5.413***	1.5095***
	(0.106)	(0.76)	(0.14)
upstw×intensity	-0.3454***	-1.484***	0.350***
	(0.743)	(0.772)	(0.44)
RCA	0.114*	0.026*	-0.091*
	(0.187)	(0.665)	(0.06)
HHI	0.03	0.744**	-0.262***
	(0.872)	(0.034)	(0.06)
lnopt	-0.0423	-0.105**	0.0889*
	(0.5)	(0.694)	(0.09)
lndts	0.074	0.055*	-0.131***
	(0.03)	(0.587)	(0.168)
_CONS	-0.841***	-5.446***	0.502***
	(0.17)	(0.73)	(0.598)

续表

变量	全样本	替代型	互补型
F 检验	13. 77 (0. 00)	14. 01 (0. 00)	11. 62 (0. 00)
R^2	0. 314	0. 704	0. 306
N	128	80	48

注：＊表示在 10%水平上显著，＊＊表示在 5%水平上显著，＊＊＊表示在 1%水平上显著；括号内数值为各系数的标准误差；"F 检验"表示固定效应模型中的 F 统计值和相应 P 值。

6 剩余控制权基于企业层面的
海外并购绩效实证研究

本章将延续本书对不完全契约视角下的企业生产模式选择的最优化进行的分析并构建的关于最优议价份额的理论模型及主要假设。接下来本书将基于不完全契约理论结合经济社会的现实状况进行企业层面的实证研究。构建一个检验中国制造业企业国际生产中剩余控制权影响企业并购绩效的实证模型，希望能以此提出本书的提升我国制造业企业海外并购绩效的核心影响因素。

6.1 样本、变量与模型说明

6.1.1 中国制造业海外并购的样本选择

本章将以 2005 年 1 月至 2014 年 12 月为期的 10 年间中国制造业企业海外并购事件为样本，样本时间范围由本书写作时的数据可得性确定。样本数据来源为由 Zaphus 公司提供的 BvD 系列下 ZEPHYR 并购的数据库，该数据库是当前全球报道并购交易最快、覆盖率最高的权威并购分析数据库，可确保在样本时间范围内尽可能获得齐全的中国海外并购数据。为保证样本分析数据的可得性与完整性，并购事件样本按以下标准进行筛选：①中国并购方与非中国的目标企业只包含已公告的并购事件，②只包含并购方为中国内地的上市（深沪两市）公司的事件，③剔除目标企业与并购方设在海外的子公司的事件，④剔除并购日期在上市日期后 3 个月以内导致事件分析数据不足的事件。经过筛选得到的事件样本包括 10 年间 117 家企业的 143 个中国制造业海外并购事件。

表 6-1 列出了对样本所在产业的分类统计。其中，并购方所在行业按照证监会年发布的《上市公司行业分类指引》中的大类为标准进行分类。所选样本共包含 117 企业，并购方全部为制造业产业企业。表中可以观察到，单个行业排在第一位的是机械制造业，有 19 例样本，占 16.2%。排在

第二位的是汽车制造业，共 12 个样本，占比 10.2%，此类企业大部分属于技术密集型，并购动机通常包含通过海外并购获取国外先进技术。此外，同属此类的高科技行业还包括电子元件制造业，9 例，占比 7.6%；而炼焦和石油及有色金属业，分别为 3 个和 8 个，分别占 2.6% 和 6.8%。此外，其他的各种传统制造业也占有相当的比例。并购发生的年份方面，可以看到 2007 年以后，尤其是 2010 年以后，并购数量显著增加。其中 2013 年和 2014 年分别为 35 个和 42 个，共计 77 个，占所有样本的一半以上。

表 6-1　样本产业分类统计

行业分类	样本数（个）	所占比例（%）	并购年份	样本数（个）	所占比例（%）
机械制造	19	16.2	2005	2	1.4
汽车制造	12	10.2	2006	2	1.4
医药制品	10	8.5	2007	8	5.6
电子元件	9	7.6	2008	9	6.3
有色金属	8	6.8	2009	6	4.2
化工化纤制造	7	5.9	2010	5	3.5
家电行业	6	5.1	2011	17	12
电气设备制造	6	5.1	2012	17	12
印刷及出版	4	3.4	2013	35	25
塑胶制品	3	2.6	2014	42	30
炼焦及石油	3	2.6	总计	143	
食品饮料	3	2.5			
其他产业	27	23			
总计	117				

资料来源：国泰安数据分析库，作者整理。

表 6-2 列出了案例中的我国海外并购企业的注册地所在省份的前五位，分别为广东 27 项、浙江 11 项、江苏 10 项、上海 10 项、山东 9 项。可以观察到本书选取的样本中并购事件发生于经济发达省市的比例是较高的，这个因素在后文中对契约执行效率的分析中将进一步讨论。

表 6-2　样本所在地统计

企业注册所在地	样本数（个）	所占比例（%）
广东	27	23.08
浙江	11	9.40

企业注册所在地	样本数（个）	所占比例（%）
江苏	10	8.55
上海	10	8.55
北京	9	7.69
山东	9	7.69
其他	41	35.04
总计	117	

资料来源：国泰安数据分析库，作者整理。

6.1.2 被解释变量说明

本章用样本事件并购方的海外并购市场绩效作为被解释变量。测量并购绩效一般有会计指标数据和股票市场数据两类方法。本章将短期市场绩效作为主要解释变量着重进行实证分析。延续第 4 章研究的方法，采用累计超额收益率（CAR）来测量中国企业海外并购绩效。本书用普遍使用的市场调整模型来计算企业的累计超额收益率 CAR，计算公式如下。

$$AR_{it} = R_{it} - R_{it}' = R_{it} - R_{mt} \tag{6.1}$$

其中，AR_{it} 为企业在单一窗口日的超额收益率，R_{it} 为超额收益率，R_{it}' 为预计正常收益率，在市场调整模型中，将预计正常收益率用 R_{mt} 即市场收益率来替代。而我们需要的累计超额收益率则为式（6.2），即窗口期内所有的单日超额收益率加总。

$$CAR_{it} = \sum_{t=-j}^{t=j} AR_{it} \tag{6.2}$$

另外，其他的测度方法还包括市场模型、不变收益、常数均值等 3 种，然而实践表明，鉴于本书的数据可获取性方面的考虑，采用市场调整模型是最方便可行的方法，原始数据来源为国泰安数据分析库。

本书分别计算了 13 个不同事件窗口的超额收益率情况。如表 6-3 所示，并购公告日前 5 天至后 5 天的平均累计超额收益率约为 0.33%，且在 5%水平上显著。基于这一结果，本书使用时间窗口为（-5，5）的累计超额收益率作为被解释变量。

表6-3 并购样本企业市场累计超额收益率

窗口	平均值	P 值
(−10, −5)	0.0013	0.056
(−10, −1)	0.0039	0.081
(−5, −1)	0.0049	0.057
−1	0.0015	0.085
0	−0.000	0.022
(−1, 1)	0.0042	0.053
(1, 5)	0.0016	0.074
(5, 10)	0.0012	0.088
(1, 10)	−0.0029	0.071
(−5, 5)	0.0033	0.025**
(−10, 10)	0.0001	0.103
(−2, 2)	0.0031	0.066
(−3, 3)	0.0054	0.078

注：数据来源为国泰安数据分析库，＊＊表示 t 检验的显著性水平为 5。

6.1.3 解释变量说明

建立实证模型前，本小节将分别介绍本章的实证分析中重点使用的相关解释变量。其中，在产业层面实证研究中作为剩余控制权决定因素的产业上游度指数和进口需求弹性在本章依然沿用。另外，在契约因素中，除上一章出现的产业契约敏感度指数依然沿用外，新加入了地区契约执行效率指标，以丰富契约影响的相关因素。控制变量的选择方面，加入了微观企业层面的数据与产业特征数据结合共同进行实证分析。

1. 产业上游度指数

本章依然延续使用企业所在产业在并购事件该年的产业上游度（upst）来表示产业所处阶段。上游度作为核心解释变量，具体测算参考 5.1.2 小节中对 Fally（2012）的方法介绍，本章不再赘述。本书的实证模型中预测上游度与制造业企业海外并购绩效关系与前文相类似，不区分产业特征时无明显相关关系，区分产业特征后，上游度指数与进口需求弹性的相对大小决定的剩余控制权与海外并购绩效呈负相关关系，原理及解释将在后文具体分析。另外，后文仍将引入 Wang 等（2017）的方法计算的上游度指数（upstw）作为样本所在产业链位置的替代变量进行进一步的稳健性检验，具体计算方法见 5.4.1 小节。

2. 产业契约敏感度

根据前文的分析，契约的不完全性对全球价值链生产所造成的影响同时也会随着不同的契约密集度即产业对契约执行效率敏感程度的不同而有所不同，进而对企业绩效产生不同的影响。对契约执行效率敏感程度较低的行业，契约的不完全性对全球价值链生产所造成的影响应当相对较弱，此时行业所处上游度位置和剩余控制权大小的相互关系也很可能有所不同，基于此，本书将产业契约敏感度（intensity）作为与主解释变量的交互项纳入模型。不同产业对契约执行效率的敏感程度的相应指标，本书直接参考了 Nunn（2007）的测算结果。

3. 进口需求弹性

本书的理论部分介绍了互补型产业和替代型产业的情形，见 5.1.2 小节。本书将继续沿用 $\rho>\alpha$ 或 $\rho<\alpha$ 两个条件来描述两种关系，因此，各个中间品投入之间的技术替代率就可以用以进行实证研究。但是我们的研究还是受限的，因为前文分析过因为对中间品投入之间的替代率 α 的测算还是无法在现有文献和数据来源中得到。由于该指标对本章分析的关键作用，本节重申一个基本假设，即 α 在各部门间的变化与需求弹性都是无关的，ρ 一个行业投入的平均买家，这样我们能将次序互补型行业和比较高的 ρ 值联系起来，将次序替代型和比较低的 ρ 值联系起来。

在模型实际使用中，与第 5 章的实证研究相同，我们借鉴陈勇兵等（2014）的相应成果，按照是否高于制造业整体平均弹性将制造业所有行业大致划分为低进口需求弹性型和高进口需求弹性型两类[1]。

4. 地区契约实施效率

基于本书理论模型的推导，我们不难发现，契约的不完全性对全球价值链生产所造成的影响很可能会随着不同地区的契约执行效率不同而有所不同，进而对企业绩效产生不同的影响。直观来看，契约执行效率较高的地区，契约的不完全性对全球价值链生产所造成的影响应当相对较弱，此时行业所处上游度位置和剩余控制权大小的相互关系也很可能有所不同。基于此，本书将契约执行效率（contract）作为与主解释变量的交互项引入

---

[1] 其中 C5、C6、C7、C8、C11、C12、C13、C16、C17、C18、C20 弹性偏高的产业（互补型）在描述统计中记为 1，在模型中用 ρ_1 来表示；C9、C10、C14、C15、C19、C21、C22 弹性偏低的产业（替代型）在描述统计中记为 0，在模型中用 ρ_0 来表示。

实证模型。

关于测度我国地区间契约实施效率的指标，目前较流行的有世界银行发行的《2008 中国营商环境报告》。但目前该报告只发布了一年，由于本书关心契约实施效率随时间的不断变化对并购企业绩效的促进作用，所以采用不同地区和时间的面板数据做实证分析，因而《2008 中国营商环境报告》的数据不适用本书。樊纲、王小鲁和朱恒鹏发布的《中国市场化指数》对中国各省、自治区、直辖市市场化的相对进程做出了较为客观和详尽的分析，并经过一系列的分析和计算，得出中国各地区的总体市场化指数。

该指数总体评分是由 8 个方面的基础指标组成的。它们各自反映不同领域的市场化程度①。企业经营环境总指数由各方面的指数合成，是各指数的算术平均值，用以反映各地企业经营环境的总体评分和排名。每方面指数由几个分项指数合成，同样以去算术平均值的方法得出。其中，市场环境与法律环境及中介服务两个项目的指标能较好地代表契约实施效率，构成这两方面的指标又分为 8 个项目，包含了法律环境方面的司法公正和效率、合同正常履行、经营者财产人身安全、知识产权技术品牌保护，以及中介服务方面的市场需求、过度竞争、中介服务和行业协会。中介服务体现了一旦签约双方在交易时产生争议，得分高的地区拥有更多律师和会计师的地区能够更加方便地对双方签订的契约进行审查并经由法庭证实和执行。对经营者财产人身安全保护采用企业对各地区司法环境评价的调查数据，能较为真实地体现各地契约和制度环境的质量。由于企业承接外包过程中存在与发包企业产生知识产权纠纷的情况，所以对知识产权的保护有利于双方就相关问题签订和执行契约。此外，司法公正与效率也能从一定程度上反映出当地的制度质量。因此，本书将选取樊纲、王小鲁和朱恒鹏的《中国市场化指数：各地区市场化相对进程 2017 年报告》中的这两项指标。

5. 控制变量

其他可能影响并购绩效的因素作为控制变量引入模型，包括产业层面的产业集中度指数、产业竞争力指数，企业层面的劳动生产率、资本密集度及企业规模。引入相关控制变量的理由及数据测度方法如下。

产业集中度指数是影响企业绩效的重要因素，产业集中度对企业绩效

① 市场化指数的 8 个方面包括：①政策公开、公平、公正，②行政干预与政府廉洁效率，③企业经营的法治环境，④企业的税负负担，⑤金融服务和融资成本，⑥人力资源供应，⑦基础设施条件，⑧市场环境与中介服务。

的影响方面，理论上的研究虽然揭示了产业集中度与利润率之间存在着正相关关系，并将原因归咎于合谋和垄断，但经验上的分析却得出了许多不同的结论（郝书辰和马恩涛，2012）。本书选择赫芬达尔—赫希曼指数（HHI）来表示产业集中度，具体测算方法在 5.1.2 中已详细介绍。

产业竞争力反映企业绩效的一个重要指标是产品的市场份额，市场份额是该产业产品的出口量在市场中所占的比重，市场份额指标一般采用显示性比较优势（RCA）指标。同时引入的与企业自身特征相关的一系列对企业并购绩效产生影响的变量介绍如下。

劳动生产率（lnlabor）：用以衡量企业的基本劳动生产率状况。企业劳动生产率高则意味着单位劳动的产出高，企业竞争能力强，这里以当年营业收入总额除以员工总数再取对数来表示。

资本密集度（lncapital）：资本是决定企业进行对外跨国并购的基础条件之一，资本密集度是影响跨国并购绩效的重要因素，本书借鉴通常做法以固定资产除以员工总数后再取对数表示。

并购方企业规模（lnsize）：已有文献表明并购企业规模会影响其并购绩效（Gu 和 Reed，2011；Chen 和 Young，2010）。企业规模可以有多种代表指标，如销售总额、利润额或员工总数等，但是企业资产的多少更能最根本的反映企业规模，学术界经常采用主并购企业并购前一年的企业总资产来代表企业规模，本书通过取其自然对数来衡量企业规模，该数值越大，说明主并购企业的企业规模越大。

6. 企业所有权性质

将控股股东是否为国有的企业所有权性质（SOE）虚拟变量引入模型。由于国有企业特殊的制度背景，因此在实际并购中存在两种完全相反的力量影响其海外并购绩效（吴先明和张玉梅，2019），部分文献检验了国有股权的价值创造或价值破坏效果，但结论是混合的（Sun 等，2002；Wei 等，2005）。

基于之前的数理模型分析和理论模型分析，本书还将进一步做定量的和更加精确的计量经济学分析，将之前的理论分析和数据分析有机地结合在一起。

6.1.4　模型建立与解释

在理论模型部分推演的基础上，我们借鉴 Antras 和 Chor（2013）的思路，采用产业—企业层面数据，选用如下多元回归方程对理论模型提出的假说进行验证。

$$CAR = \delta + \alpha_1 upst(\rho_1) + \alpha_2 upst(\rho_0) + \xi Controls + \varepsilon \quad (6.3)$$

模型（6.3）为本章研究的基准模型，其中，CAR 为企业并购事件发生后的市场绩效，$upst$ 即上游度指数为该企业所在产业在全球价值链所处位置，ρ 为进口需求弹性，ρ_1 与 ρ_0 分别表示弹性偏大的互补型产业与弹性偏小的替代型产业，重点关注系数 α_1 和 α_2 用来表示对产业进口需求弹性不同的企业，上游度指数与并购市场绩效的关系，$Controls$ 为控制变量集，ε 为随机误差项。

$$CAR = \delta + \alpha_1 upst(\rho_1) + \alpha_2 upst(\rho_0) + \beta_1 upst \times intensity(\rho_1) +$$
$$\beta_2 upst \times intensity(\rho_0) + \xi Controls + \varepsilon \quad (6.4)$$

模型（6.4）中引入上游度指数 $upst$ 与产业契约敏感度指数 $intensity$ 的交互项，系数 β_1 和 β_2 表示在进口需求弹性一定的情况下，样本并购方企业所在产业的契约敏感度的不同带来的上游度指数与并购市场绩效的关系。

$$CAR = \delta + \alpha_1 upst(\rho_1) + \alpha_2 upst(\rho_0) + \gamma_1 upst \times contract(\rho_1) +$$
$$\gamma_2 upst \times contract(\rho_0) + \xi Controls + \varepsilon \quad (6.5)$$

模型（6.5）中引入了上游度指数 $upst$ 与地区契约执行效率指数 $contract$ 的交互项，系数 β_1 与 β_2 表示在进口需求弹性一定的情况下，样本并购方企业在不同的地区契约执行效率下带来的上游度指数与并购市场绩效的关系。

$$CAR = \delta + \alpha_1 upst(\rho_1) + \alpha_2 upst(\rho_0) + \beta_1 upst \times intensity(\rho_1) +$$
$$\beta_2 upst \times intensity(\rho_0) + \gamma_1 upst \times contract(\rho_1) + \gamma_2 upst \times$$
$$contract(\rho_0) + \xi Controls + \varepsilon \quad (6.6)$$

模型（6.6）同时引入上游度指数 $upst$ 与产业契约敏感度指数 $intensity$ 的交互项与上游度指数 $upst$ 与地区契约执行效率指数 $contract$ 的交互项，分析回归结果。

6.2 经验研究回归及结果分析

6.2.1 描述性统计结果分析

表6-4报告了所有变量的描述性统计分析。其中，并购公告（-5，5）事件窗口的累计超额收益率最小值为-0.234，最大值为0.437，均值为0.0033。表明中国企业海外并购事件在公告日前后的短期内有正的平均回报。尽管有很多研究并购的文献表明并购方的累计超额回报一般为负，但

本书这一结果与 Chen 和 Young（2010）以及 Gu 和 Reed（2011）对中国企业海外并购绩效研究的结果一致。这一结果表明，市场投资者对中国企业的海外并购持有较乐观的态度。Chen 和 Young（2010）认为这表明市场将并购行为看作企业成长的机会，或者能让企业更好地利用其所拥有的资源。

表 6-4　变量统计描述

变量	含义	样本量（个）	最小值	最大值	均值	标准差
CAR	并购后短期绩效	142	-0.234	0.437	0.0033	0.85
upst	产业上游度	134	1.370	7.730	3.980	1.279
ρ	进口需求弹性	142	0	1	0.697	0.461
contract	地区契约执行效率	142	2.800	3.925	3.395	0.306
intensity	产业契约敏感度	142	0.631	0.995	0.938	0.69
SOE	所有权性质	142	0	1	0.394	0.490
HHI	产业集中度	142	0.061	0.268	0.103	0.042
RCA	产业竞争力	142	0.346	3.036	1.168	0.658
lnlabor	劳动生产率	142	7.265	21.147	13.775	2.766
lncapital	资本密集度	142	11.928	19.480	14.170	0.998
lnsize	企业资产规模	142	19.562	28.482	22.703	1.746

资料来源：作者整理计算。

产业特征方面，上游度指数均值为 3.980，标准差为 1.279，说明样本中各企业所在产业之间在全球价值链中的上游度差距是偏大的。进口需求弹性高的企业为 99 个，进口需求弹性低的企业为 43 个；各企业的地区契约执行效率之间的差距是合适的，产业契约密集度总体偏高。产业集中度指数均值为 0.103，标准差为 0.042，说明样本制造业企业所在行业总体的垄断程度不高。

并购企业特征方面，企业规模的最大值为 28.482，最小值为 19.562，标准差 1.746，说明样本企业规模差别较大。资本密集度均值为 14.170，标准差为 0.998，劳动生产率均值为 13.775，标准差为 2.766，同样说明样本间差异较大。

另外，表 6-5 按并购方企业所有权性质分为国有（SOE=1）和非国有（SOE=0）两组，对主解释变量上游度指数及企业层面相关变量进行了对比分析。其中，样本企业中约 40% 的并购方曾经或现在为国有控股企业，数据 T 检验适用于正态分布的样本分析，秩和检验适用于非正态分布的样本。结果显示，国有控股的并购方平均并购后累计超额收益率（CAR）高于非国有并购方，并且在 5% 水平上通过 T 检验和秩和检验。表明从整体上看，国有控股企业的海外并购前景更被投资者看好。上游度指数（upst）方面，国有和非国有并购方分别平均为 4.234 和 3.815，国有并购方与非国有并购方并无显著差距。结果说明本书选取的样本并购方中国有企业与非国有企业在价值链所处位置的分布状况并无显著差距。另外，与企业性质相关的变量方面，在企业劳动生产率（lnlabor）指数上，国有企业是低于非国有企业的，且可以看到在 5% 水平上通过 T 检验和秩和检验，说明了国有企业的生产效率较低；企业的资产密集度（lncapital）指数中国有企业略高于非国有企业，且在 5% 水平上通过 T 检验和秩和检验，说明了国有控股企业在资产上的优势；最后，国有企业的对数资产规模（lnsize）显著高于非国有企业，表示国有企业的总体规模一般大于非国有企业。

表 6-5　按所有权性质分组比较

变量	总体		SOE = 1		SOE = 0		差异分析	
	均值	中位数	均值	中位数	均值	中位数	T 检验	秩和检验
CAR	0.003	-0.006	0.006	0.002	0.002	-0.012	0.032**	0.025**
upst	3.980	3.820	4.234	4.155	3.815	3.730	0.56	0.107
contract	3.395	3.425	3.354	3.25	3.421	3.480	0.21	0.303
intensity	0.938	0.963	0.917	0.963	0.951	0.963	0.00**	0.23
lnlabor	13.775	13.561	12.958	12.591	14.307	14.260	0.00**	0.00**
lncapital	9.345	10.35	14.491	14.358	13.960	13.951	0.00**	0.00**
lnsize	22.703	22.570	23.680	23.539	22.067	21.843	0.00**	0.00**

注：差异分析标注为 P 值；＊表示在 10% 水平上显著，＊＊表示在 5% 水平上显著，＊＊＊表示在 1% 水平上显著。

6.2.2　基本回归结果分析

表 6-6 详细列出了以并购企业超额累计收益率表征的海外并购企业并购后短期绩效为被解释变量，以产业全球价值链所处位置为核心解释变量的全样本回归结果，为了重点反映不同产业特征的影响，我们进行了分样本回归，其中，表 6-7 显示了互补型产业的回归结果，表 6-8 显示了替代型产业的回归结果，结果分析如下。

首先，从结果中可以发现，与理论分析一致的是，模型（1）中使用全产业样本进行初步回归的结果中，上游度指数（upst）所代表的产业位置对海外并购绩效影响结果并不显著，而在对模型（6.3）分不同产业特征的回归结果中，上游度指数的影响非常显著，且正负影响符合预期。同时模型（6.4）、模型（6.5）、模型（6.6）也符合该规律，由表6-7分样本回归结果（互补型）可以得到，每提高1单位的上游度指数，能带来并购绩效0.131%～0.471%的降低，而表6-8分样本回归结果（替代型）则显示，每提高1单位的上游度指数，能带来并购绩效0.201%～5.593%的提升。具体的原理解释如下。

首先，对进口需求弹性较低的替代型行业而言，以在价值链生产中经历更多环节为特征的上游度指数的降低将显著阻碍该企业的市场绩效。其背后的逻辑解释在于，对替代型行业而言，越处于下游阶段，所能提供的产出边际价值逐步降低，此时在不完全契约情形下，上游企业往往议价能力更高，可以获得更多剩余控制权，作为并购方企业的相应利润份额也会随着减少；与此相对应，对进口需求弹性较高的互补型行业而言，以在价值链生产中经历较少环为特征的上游度指数的升高将显著阻碍企业短期绩效，背后的原理在于互补型企业身处价值链上游，但产出边际价值不会随着阶段向下延伸而大量降低，在不完全契约情形下，企业的议价能力不高，因此下游企业获得的剩余控制权并不会逐渐降低，并购方企业自身的利润份额也被稀释。

其次，在模型（6.4）、模型（6.5）中分别引入上游度与地区契约执行效率的交互项及上游度与产业契约敏感度的交互项后，可以通过结果证实前文分析的地区效率及产业敏感度两个因素都影响了不完全契约带来的正向或负向效应。具体的原理解释如下。

对于进口需求弹性较低的互补型产业的企业，如果企业处于契约执行效率高的地区，与上下游交易的成本因此下降，从而使得处于产业链下游的企业议价能力得到一定提升。在此情形下，由于不完全契约导致的较低的剩余控制权也得到一定的提升，企业选择并购带来的正向绩效将会相应减弱。

对于进口需求弹性较低的互补型产业的企业，如果企业处于契约执行效率高的地区，与上下游交易的成本因此下降，从而使得处于产业链下游的企业议价能力得到一定提升。在此情形下，由于不完全契约导致的较低的剩余控制权也得到一定的提升，企业选择并购带来的正向绩效将会相应减弱。同理，如果企业处于契约执行效率低的地区，交易成本上升，不完全契约所导致的下游企业剩余控制权较低的情况将会进一步加剧，其并购带来的正向绩效也相应提高。并购主体换成进口需求弹性较高的替代型产业企业原理也是相同的，产业链上游企业原本的正向绩效会减少。该结果也验证了李坤望和王永进（2010）的观点，即随着契约执行效率的改善，契约不完全性对全球价值链生产架构的影响也随之减弱。

表6-6 全样本基础回归结果

变量	（1）	（2）	（3）	（4）
upst	0.237	−0.509*	−2.266*	−0.034*
	(0.35)	(0.23)	(−1.18)	(−1.08)
upst×intensity	—	0.083*	—	0.078**
		(0.72)		(0.32)
upst×contract	—	—	0.072*	0.082***
			(1.36)	(1.36)
HHI	−0.155	−0.028	−0.071*	−0.184*
	(−0.07)	(−0.12)	(−0.03)	(−0.08)
RCA	−0.092	−0.091*	−0.098*	−0.096*
	(−0.81)	(−0.71)	(−0.85)	(−0.84)
lnsize	0.00315	0.00696	0.0014*	0.0018**
	(0.05)	(0.10)	(0.21)	(0.25)
lnlabor	0.079*	0.056	−0.00443*	−0.0026*
	(0.22)	(0.15)	(−0.01)	(−0.07)
lncapital	0.102*	0.101*	0.094**	0.093**
	(1.16)	(1.15)	(1.07)	(1.05)
ε	−0.156**	−0.101**	−0.153***	−0.157***
	(−0.971)	(−0.99)	(−0.94)	(−0.96)
R^2	0.218	0.227	0.385	0.366
N	142	142	142	142

注：*表示在10%水平上显著，**表示在5%水平上显著，***表示在1%水平上显著；括号内数值为各系数的标准误差。

表6-7 分样本回归结果（互补型）

变量	（1）	（2）	（3）	（4）
upst	−0.471**	−0.131**	−0.337***	−0.413***
	(0.58)	(0.05)	(−1.32)	(−0.18)

续表

变量	(1)	(2)	(3)	(4)
upst×intensity	—	0.038**	—	0.079**
		(0.13)		(0.27)
upst×contract	—	—	0.107***	0.108***
			(1.58)	(1.59)
HHI	-0.273	-0.279	-0.241**	-0.252**
	(-1.06)	(-1.06)	(-0.94)	(-0.96)
RCA	0.032*	0.033	0.022**	0.024**
	(0.23)	(0.24)	(0.16)	(0.17)
lnsize	-0.0079	-0.0081	-0.0076*	-0.0078*
	(-0.90)	(-0.90)	(-0.87)	(-0.88)
lnlabor	-0.055*	-0.069	-0.013	-0.016**
	(-0.13)	(-0.16)	(-0.32)	(-0.38)
lncapital	0.227**	0.228*	0.217***	0.219***
	(1.96)	(1.96)	(1.89)	(1.89)
ε	-0.116***	-0.115***	-0.094**	-0.091**
	(-0.55)	(-0.54)	(-0.45)	(-0.43)
R^2	0.582	0.833	0.583	0.841
N	99	99	99	99

注：*表示在10%水平上显著，**表示在5%水平上显著，***表示在1%水平上显著；括号内数值为各系数的标准误差。

最后，我们关注企业所处的产业契约敏感度带来的不同效应。同样先以互补型产业企业为例，根据前文的结果在上游度一定的情况下，互补型企业处于生产链上游时，受不完全契约的影响，其议价能力较弱。如果同时该企业又身处高契约敏感度产业中，受到不完全契约的影响将进一步加剧，剩余控制权也将进一步降低，以至于产生负的并购绩效。同理，对于替代型企业，身处产业链上游时的议价能力是较高的，如果其所处产业的契约敏感度也较高，将进一步扩大该企业的剩余控制权，正的并购绩效也因此进一步扩大。

笔者将两个交互项同时引入后，实证结果又带来了进一步的观察。在上游度指数及产业进口需求弹性一定的情况下，多交互项带来的效果都有不同程度的提升或减弱。延续前文的分析，具体的原理可以解释为，剩余控制权的大小很大程度上由不完全契约效应的强弱决定，而地区契约效率的高低将会增强或减弱该效应，同时产业的契约敏感度又决定了增强或减弱的程度。因此，综合对剩余控制权的影响效应由强到弱可以进行依次排序：效率低敏感度高、效率低敏感度低、效率高敏感度低、效率高敏感度高。以此为基础，扩大剩余控制权的大小带来的正负市场绩效，该效应可总结为表6-9。

表6-8　分样本回归结果（替代型）

变量	(1)	(2)	(3)	(4)
upst	1.244**	0.541***	0.201**	5.593***
	(0.88)	(1.15)	(0.41)	(0.90)
upst×intensity	—	0.0447**	—	0.0478***
		(0.93)		(0.95)
upst×contract	—	—	0.0215***	0.0287***
			(0.17)	(0.22)
HHI	0.626***	0.534**	0.599**	0.495***
	(1.36)	(1.13)	(1.27)	(1.02)
RCA	−0.0227**	−0.0281**	−0.0252***	−0.0306***
	(0.89)	(−1.08)	(−0.96)	(−1.14)
lnsize	0.0109	0.0159*	0.0115	0.0168*
	(0.90)	(1.20)	(0.92)	(1.23)
lnlabor	−0.0229*	−0.0283*	−0.0384	−0.0409*
	(−0.25)	(−0.30)	(−0.39)	(−0.42)
lncapital	0.0324*	0.0738*	0.0334**	0.0671*
	(0.22)	(0.05)	(0.22)	(0.04)
ε	−0.264***	−0.318***	−0.249**	−0.311**
	(−0.85)	(−1.01)	(−0.79)	(−0.96)
R^2	0.104	0.125	0.116	0.13988
N	43	43	43	43

注：＊表示在10%水平上显著，＊＊表示在5%水平上显著，＊＊＊表示在1%水平上显著；括号内数值为各系数的标准误差。

表6-9　交互项对剩余控制权影响效应

项目	产业契约敏感度高	产业契约敏感度低
地区契约效率高	减弱	次减弱
地区契约效率低	增强	次增强

6.3　分组回归结果分析

为进一步分析可能影响剩余控制权产生的正负绩效效应的其他影响因素，本书对样本按一定标准分组，进行了分组回归分析。

6.3.1　并购方所有权性质分组回归分析

在政府主导经济资源分配的环境中，国有企业一般不会受地区契约执行效率的影响，经济资源丰富，剩余控制权对国有企业的影响更多体现在决策不力导致的生产效率或经营效率下滑，因此，国有企业的绩效反而可能因剩余控制权提升而下降，而私人企业原本处于资源获取的劣势地位，剩余控制权提升有助于其获得更多资源，因此，私营企业会因为剩余控制权的不同而变化。即本书的主要解释变量发挥的作用，对不同所有权性质的企业不同。因此，本书首先将样本按其所有权性质，即国有控股（SOE=1）还是民营控股（SOE=0）进行分组回归，分别考察剩余控制权对国有企业和民营企业海外并购绩效的影响。

表6-10报告了按所有权性质分组回归的结果，其中，列SOL=1为国有控股企业，列SOE=0为非国有控股企业。

表6-10　所有权性质分组回归

变量	SOE=1			SOE=0		
	Total	$\rho1$	$\rho0$	Total	$\rho1$	$\rho0$
upst	−0.507 (−0.01)	0.382 (0.97)	−0.161* (−1.77)	−0.562 (−0.85)	0.141*** (−1.80)	−0.119*** (0.74)
upst× intensity	0.210 (0.83)	−0.432* −0.17	0.108 (1.87)	0.0726 (0.12)	0.0785** (1.11)	−0.138*** (−0.78)
upst× contract	−0.275 (−0.33)	−0.659* (−0.80)	0.108** (0.56)	0.0150 (1.82)	0.0189 (2.05)	0.0204* (0.09)

续表

变量	SOE = 1			SOE = 0		
	Total	$\rho 1$	$\rho 0$	Total	$\rho 1$	$\rho 0$
HHI	0.350 **	0.275 *	0.534	−0.405 ***	0.647 ***	−0.0302 *
	(1.29)	(1.10)	(0.87)	(−1.16)	(−1.53)	(−0.02)
RCA	−0.0963 *	−0.0664 **	−0.0259 **	−0.0351 *	0.0104 **	0.0118 **
	(−0.52)	(−0.34)	(−0.63)	(−0.023)	(0.56)	(0.03)
lnsize	−0.0449	−0.0118	−0.0141 *	0.0902	−0.0324 **	0.0147 ***
	(−0.5)	(−1.22)	(−0.61)	(0.83)	(−0.24)	(0.56)
lnlabor	−0.0960	−0.0735	−0.0540	0.0544 *	0.0104	0.0951 *
	(−1.99)	(−1.85)	(−2.21)	(0.99)	(0.02)	(0.71)
lncapital	0.0123	0.0358	0.0278	0.0772 ***	0.0152 **	0.0122 ***
	(1.23)	(2.89)	(1.05)	(0.53)	(0.89)	(0.29)
ε	−0.433 **	−0.203 ***	−0.701 **	−0.344 ***	−0.641 **	−0.639 ***
	(−0.02)	(−0.96)	(1.18)	(−1.27)	(−0.20)	(−1.10)
R^2	0.159	0.387	0.457	0.116	0.173	0.210
N	56	35	21	85	63	21

注：* 表示在10%水平上显著，** 表示在5%水平上显著，*** 表示在1%水平上显著；括号内数值为各系数的标准误差。

结果发现，总体而言，剩余控制权对非国有控股企业的影响要比对国有控股企业更加明显。全样本回归的结果在非国有控股企业样本中都继续成立，其中，互补型产业下 upst 的系数显著为正，而替代型产业下 upst 系数则显著为负，且两个系数的绝对值均大于全样本回归中的系数，表明剩余控制权对并购绩效的影响在非国有企业中更加明显，且在上游度指数一定时，地区契约效率及产业契约敏感度的正负面影响更加显著。而这两个系数在对应的国有控股企业样本回归中并不显著。本书认为这主要是由于剩余控制权对国有企业尽管在并购后有一定程度的影响，但其效应没有非国有企业那么明显，因此单独对其进行分析时，影响并不显著。

对此结果的解释为，从资源获取的角度看，国有企业可以利用其有利的优势地位，采取海外并购方式快速地获取重要的自然资源和战略资产，如石油、天然气、受专利保护的技术、产品差异化、先进的管理和营销技能等。这些资源和能力往往是国有企业所缺乏的，而且在国内市场是难以获得的。获取这些资源和能力将有利于国有企业加快技术学习，提升核心竞争力，有利于实现良好的并购绩效。从制度阻碍角度看，国有企业海外并购会受到多重制度因素的推动和限制。例如，中国政府"走出去"政策就是推动国有企业海外并购的重要因素。虽然政府的支持，特别是融资支持有助于提升国有企业海外并购的竞争力，但这些支持政策和国有企业的特殊身份也会引发东道国社会的负面反应。由于意识形态和其他政治原因，国有企业的海外并购很容易刺激东道国的政治敏感和公众担忧，东道国政府往往会从当地产业保护和国家安全的角度对这类并购活动采取限制措施（Zhang 等，2011）。

6.3.2 并购方地区契约执行效率排名分组回归分析

前文中对地区契约执行效率与剩余控制权的关系做过分析，本小节引入企业所在地区的经营环境指数排名，对样本进行分组回归。

本书使用企业所在地区并购当年的综合地区经营环境指数排名定义该地区的契约执行效率，排名分为高、低两档，虽然每年排名会有变化波动，但是不影响其归类分组。回归结果如表 6-11 所示，替代型产业下的上游度指数回归系数在两个分组回归中均为负，但高契约执行效率分组的回归系数普遍显著，而低契约执行效率分组的回归系数的显著性普遍低于高契约执行率分组，且高契约执行效率分组回归系数绝对值也明显高于低契约执行效率分组的回归系数绝对值，类似情况在互补型产业中也同时存在。

这表明剩余控制权的作用在高契约执行效率的企业中更加明显。与前文对契约执行效率的分析类似，因为本书使用综合地区经营环境指数排名表示地区契约执行效率后，该分组下企业在海外并购受到并购后剩余控制权的影响较小，体现在结果中就是相关关系系数更显著，对海外并购绩效的促进或抑制作用更明显。

表 6-11　地区契约执行效率排名分组回归

变量	高契约执行效率地区			低契约执行效率地区		
	Total	ρ_1	ρ_0	Total	ρ_1	ρ_0
upst	0.0206*	−0.0319***	0.0429***	−0.0060	−0.0156*	0.0186*
	(0.103)	(−1.37)	(2.18)	(−0.94)	(−0.04)	(0.02)
upst× intensity	−0.0404**	0.0455***	−0.069***	0.0275*	0.0279**	0.0537*
	(−0.12)	(0.74)	(−0.54)	(0.79)	(0.49)	(0.87)

续表

变量	高契约执行效率地区			低契约执行效率地区		
	Total	ρ_1	ρ_0	Total	ρ_1	ρ_0
upst× contract	0.0652* (0.03)	0.0753*** (0.32)	0.0312*** (0.51)	0.0124 (0.73)	0.0236** (1.38)	0.0148* (0.39)
HHI	−0.323* (−0.81)	−0.559** (−1.15)	0.0704 (0.08)	0.120* (0.42)	−0.105* (−0.37)	0.649*** (1.01)
RCA	−0.0198** (−1.00)	0.0207* (0.82)	0.0166 (0.05)	0.010* (0.68)	0.0216*** (1.45)	0.0664 (1.46)
lnsize	0.0809* (0.60)	0.0288* (0.16)	0.0196*** (0.90)	−0.0292 (−0.33)	−0.0142 (−1.48)	0.0172 (0.91)
lnlabor	0.00433 (0.64)	0.0751 (0.09)	0.0186*** (1.20)	−0.0472** (−0.97)	−0.0725* (−1.53)	0.0146* (1.09)
lncapital	−0.030 (−0.20)	0.0278* (1.20)	−0.0208*** (−0.98)	0.0199* (1.69)	0.0169* (1.40)	0.0553 (1.87)
ε	−0.129** (−0.45)	−0.187** (−0.48)	0.454*** (−0.97)	−0.201* (−0.91)	0.102** (0.44)	0.638*** (1.29)
R^2	0.135	0.149	0.227	0.155	0.165	0.477
N	69	50	19	70	47	23

注：*表示在10%水平上显著，**表示在5%水平上显著，***表示在1%水平上显著；括号内数值为各系数的标准误差。

6.4 内生性及稳健性检验

6.4.1 替换主要变量测算方式

为确保结论的稳健性，本书替换了主要变量的测量方法，对模型重新进行了估计。首先，本小节使用企业海外并购的长期绩效作为被解释变量，对模型进行回归。本书采用购入-持有异常收益法（Buy-and-hold Abnormal Return，BHAR）表示企业长期并购绩效。Mitchell 和 Stafford（2000）将 BHAR 描述成"在预先设定的期间，在发生事件的所有企业和没发生事件的配对企业组合进行的同样投资的收益之差"即

$$BHAR_{it} = \prod_{t=1}^{t} [1 + R_{it}] - \prod_{t=1}^{t} [1 + E(R_{it})] \tag{6.7}$$

其中，R_{it} 为样本企业 t 月度的收益；$E(R_{it})$ 为样本企业 t 月度的期望收益，即配对样本企业组合的收益。表 6-12 报告了产业特征不同时的回归结果。结果显示，互补型 upst 变量的系数显著为正，替代型 upst 变量的系数显著为负，且其他变量的系数没有显著变化，前文所得结论成立。由此可以得出，长期并购绩效同样受到剩余控制权的传导机制的影响。

表 6-12　长期并购绩效回归结果

变量	Total	ρ_1	ρ_0
upst	0.206* (0.03)	-0.319*** (-0.37)	0.429*** (0.18)
upst×intensity	-0.0215** (-0.42)	0.0455*** (0.74)	-0.069*** (-0.54)
upst×contract	0.0652* (0.03)	0.0753*** (0.32)	0.0312*** (0.51)
HHI	-0.445* (-0.39)	-0.324** (-0.25)	0.824 (0.77)
RCA	-0.0248** (-1.00)	0.0256* (0.92)	0.0146 (0.35)
lnsize	0.0809* (0.60)	0.0288* (0.16)	0.0196*** (0.90)
lnlabor	0.0233 (0.44)	0.0251 (0.49)	0.0287*** (1.40)
lncapital	-0.301 (-0.02)	0.278* (0.02)	-0.208*** (-0.98)
ε	-2.129** (-0.45)	-3.187** (-0.48)	-2.454*** (-0.97)
R^2	0.245	0.349	0.297
N	142	99	43

注：*表示在 10% 水平上显著，**表示在 5% 水平上显著，***表示在 1% 水平上显著；括号内数值为各系数的标准误差。

另外，考虑到衡量行业在价值链中所处位置的上游度这一指标构建方法在文献中存在差异，本节延续上一章，采用 Wang 等（2016）的测算方法，用前向关联的方法重新测算产业的上游度 upstw，在其他变量不变的条件下进行回归，具体方法见 5.4.1 小节。表 6-13 的列（1）分别报告了产业特征不同时的回归结果，结果显示，互补型 upstw 变量的系数显著为正，替代型 upstw 变量的系数显著为负，且其他变量的系数没有显著变化，前文所得结论仍然成立。

表 6-13　稳健性检验回归结果

变量	（1）			（2）		
	Total	ρ1	ρ0	Total	ρ1	ρ0
upstw	-0.335 *	0.414 ***	-0.559 ***	-0.261	-0.345 ***	-0.143 ***
	(-1.10)	(1.08)	(-0.9)	(-1.16)	(-1.34)	(-0.29)
upstw×intensity	0.0778 *	0.0791	0.0478 **	0.0763	0.121 **	-0.227 ***
	(0.32)	(0.27)	(0.95)	(0.64)	(0.76)	(1.02)
upst×contract	-0.0821	0.0109 **	0.0287 **	0.0819	0.0112	0.0149 *
	(1.36)	(1.59)	(-0.21)	(1.36)	(1.64)	(0.01)
HHI	-0.184 *	-0.252 **	0.495 ***	-0.221	-0.264 ***	0.532 *
	(0.11)	(-0.96)	(1.02)	(-0.1)	(-1.02)	(1.12)
RCA	-0.0969 **	0.0239 *	-0.031 **	-0.0954 **	0.0313 **	-0.0327 **
	(-0.84)	(0.17)	(-1.14)	(-0.83)	(0.23)	(-1.20)
lnsize	0.0175	-0.0782 *	0.0168 *	0.0225 *	-0.0795 **	0.0169
	(0.25)	(-0.88)	(1.23)	(-0.33)	(-0.89)	(1.25)
lnlabor	-0.0262	-0.016	-0.041	-0.0427	0.0211	-0.0478 **
	(-0.07)	(-0.38)	(-0.42)	(-0.11)	(0.50)	(-0.49)
lncapital	0.0928 ***	0.0219 ***	0.0671 ***	0.0913 ***	0.0223 **	0.0957 *
	(1.05)	(1.89)	(1.04)	(1.04)	(1.93)	(0.06)
ε	-0.157 ***	-0.203 ***	-0.311 **	-0.208 ***	-0.201 **	-0.517 ***
	(-0.96)	(-0.86)	(-0.56)	(-1.13)	(-0.79)	(-1.26)
F 检验	7.25	7.57	7.50	6.57	6.53	5.04
	(0.00)	(0.00)	(0.00)	(0.00)	(0.00)	(0.00)
R^2	0.63	0.71	0.84	0.03	0.08	0.14
N	142	44	98	142	44	98

注：*表示在10%水平上显著，**表示在5%水平上显著，***表示在1%水平上显著；括号内数值为各系数的标准误差；"F 检验"表示固定效应模型中的 F 统计值和相应 P 值。

6.4.2　内生性检验

用企业财务指标测量的变量可能存在内生性问题，可能的内生性问题是逆向因果问题。例如，企业绩效提升可能影响其契约制度环境，海外并购绩效的变化可能影响并购企业所在地的契约执行效率变化，同时，海外并购绩效提升也可能使所在产业的契约密集度上升，从而使契约敏感度产生双向交互影响的问题，本书使用工具变量法来处理以上问题。本节使用采用契约执行效率的不同指标进行估计作为工具变量，进行了二阶段最小二乘法（2SLS）。表6-13的列（2）报告了用契约执行效率的工具变量进行回归的结果。结果显示，回归的 Sargan 检验 P 值为 0.928，说明不存在过度识别问题。而通过 Hausman 检验对比工具变量回归与基础回归的有效性，P 值为 0.9572，OLS 回归结果相比工具变量回归结果更加有效，可以判断本书判断原模型不存在内生性问题。

7 结论与政策建议

7.1 本书主要结论

"一带一路"倡议的提出令我国企业重新审视市场，开启跨国并购的新阶段。被誉为中国版"工业 4.0"的《中国制造 2025》已于 2015 年 5 月 8 日正式签批。其作为我国实施制造强国的规划纲要，提出到 2025 年，形成一批具有较强国际竞争力的跨国公司和产业集群，在全球产业分工和价值链中的地位明显提升。但在"走出去"的过程中，中国企业面临着贸易保护主义、政策不确定性等外部问题及并购估值过高、整合失败等内部问题的影响。现实的状况是我国制造业在参与国际生产中所处的位置和发展都不尽如人意，面对新时代国际形势的变化，如何提升我国制造业企业在国际生产链中的地位，实现全球价值链的升级及向制造强国的转变，是摆在中国制造业企业面前的一项重大课题。

政策的引导与产业的特点必然对企业海外并购绩效产生影响，而现有对中国制造业企业海外并购的研究只涉及了关于所有权性质、政府关联度、目标企业所在东道国特点等方面对并购绩效影响的实证研究，且研究结论存在矛盾。此外，企业海外并购后的绩效影响因素研究也值得进一步深入探索。

本书首先构建了不完全契约下剩余控制权与制造业企业海外并购绩效的理论模型。其次，将数理模型与现实情况结合，并进一步考虑了外部契约环境和产业作用，构建了不完全契约下生产阶段与进口需求弹性影响中国制造业企业海外并购的整体理论框架，并进行了影响机制实证检验。基于理论框架，本书以产业层面的 10 年中国制造产业国际外包水平数据实证研究了剩余控制权对企业并购倾向的影响；最后一章以 2005 年 1 月至 2014 年 12 月中国制造业企业海外并购相对完整的样本数据，通过实证分析方法研究了剩余控制权对中国企业海外并购绩效的影响。运用事件分析法的思路测定了中国制造业企业海外并购绩效。通过引入不同解释变量，分析了剩余控制权对海外并购绩效的影响途径，以及决定影响结果的因素。最后，本书通过分组回归进一步深入分析了与被解释变量相关的其他影响海外并购绩效关系的因素，分别研究了所有权性质、产业类型及地区契约执行效率的剩余控制权对海外并购绩效的影响。

本书的主要研究结论包括以下几个方面。

（1）全球化生产网络中的中国制造业企业的生产特定阶段的剩余控制权对海外并购绩效理论上存在作用并呈现正反两方面影响，实际影响效果由产业特性和契约水平决定。

剩余控制权对制造业企业海外并购后的绩效影响可能为正也可能为负，而实际影响结果由产业所在产业链阶段、产业替代弹性及产品需求弹性水平共同决定。其中，按照产业特点，出口需求弹性高的产业为互补型产业，出口需求弹性低的产业为替代型产业；对生产阶段上游度高的互补型产业，并购可以提升企业绩效能力，从而改善海外并购的短期绩效；而对生产阶段上游度低的替代型产业，并购可以提升企业绩效，从而改善海外并购的短期绩效。同时，契约实施效率的提高，可以改善生产阶段及出口需求弹性对海外并购绩效的影响结果。

企业所在产业的产业集聚度指数是生产阶段及出口需求弹性影响中国制造业企业海外并购绩效的重要渠道。生产阶段及出口需求弹性的产业特点影响了企业所在产业的集聚度，进而影响中国制造业企业海外并购的绩效。并购绩效研究均表明，现实中大部分产业集聚度不高的中国企业在海外投资中存在盲目性，对并购绩效有负面影响。

（2）国有企业、非高科技、资源型产业及高交易额的项目中，剩余控制权对并购绩效的影响更为显著。分别按所有权性质、产业类别和并购交易额分组回归的结果表明，并购方为国有企业、非高科技、资源型或交易额较高并购项目，剩余控制权对企业海外并购绩效的影响更为显著。外部制度环境对短期绩效的调节作用也在上述几类并购企业中更为明显。

（3）外部政策对海外并购的限制逐渐放宽，优惠政策不断提出，使部分企业外部融资成本下降，促使企业更多地投资于一些风险较高或非经济目的的项目，降低了海外并购绩效。随着中国企业海外并购规模显著扩大，优惠政策无法惠及每个并购项目，增加了政府向企业的寻租机会，降低了市场的资源配置效率，外部制度环境变差使部分产业集中度下降，剩余控制权对海外并购绩效的影响扩大。在外部政策变化的同时，企业所在产业契约密集度提高，一定程度抑制了海外并购绩效的下降。

7.2　政策建议

本书深入探讨了剩余控制权对制造业企业海外并购绩效的影响，分析了影响机理和决定影响结果的因素。由于研究是基于产业特征对企业的影响，因此对今后企业实施海外并购及政府制定海外投资相关政策，均具有一定的参考价值。据此，本书提出以下几个政策建议。

第一，针对政策环境问题，应积极改善企业经营环境，以此为目标提升地区的契约执行效率，同时深入考察被并购企业所在东道国的政治环境、法治水平和文化等外部因素对海外并购的影响，将不利因素的影响降低。鼓励有条件的中国制造业企业"走出去"，更深程度地融入全球价值链，熟悉国际规则和国际惯例，最大限度地接近和利用全球高级生产要素，通过逆向技术溢出，分享世界先进的生产资源，增强对全球价值链的控制力。面对发达国家的技术制约，中国制造业企业可以考虑借助"一带一路"倡议，重新审视市场，收购处于价值链低端的企业，因为制造业企业需要技术创新，但也需要大量资源，收购发展中国家的低端企业不仅可以为自身生产提供资源，也可以为自主研发提供资金。

第二，针对并购策略问题，多数企业都考虑进行技术并购以实现企业的升级转型。企业首先应当根据自身的情况衡量并购对企业带来的效益，而不是跟随大流，争相进行高溢价并购。国有企业受到的不完全契约影响相对较弱，"走出去"时以长期绩效提升为目标做出战略决策；非国有企业"走出去"时，应在短期并购绩效与可能的交易成本及风险间做权衡，采取合适的并购策略；在发达国家企业对并购合同制定不平等的条款时，应提高警惕，充分考虑条款对企业后期发展的影响。同时，企业应在并购过程中不断获取新信息加以验证和细化并购流程，这样有助于在面对不断变化的外部环境与被收购方的要求时，中国企业可以保持清醒的认知，坚持以协同效应最优化进行决策，而不是为了完成收购而仓促签订契约。

第三，针对产业选择问题，产业选择尽可能合理化，不完全契约下做出的决策一旦失误，造成的经济与战略损失巨大，如果能结合理论与实践有效避免做出极易失败的决策，对企业及整个产业的都将带来总体的效益提升；同时，国内价值链延伸战略。充分发挥规模经济和范围经济的优势，在国内重新整合要素资源，通过国内企业的垂直专业化分工与合作联盟，实现国内价值链的延伸，提高我国制造业企业在国际生产链中的收益。我国制造业企业大多数以低附加值的加工贸易和简单装配为主，通过升级进口产品结构，提高进口产品的复杂度和技术含量，与发达国家的高端生产要素结合，由低技术产品的加工装配向高技术产品的生产转变，以提升我国制造业企业在国际生产链中的位置。

7.3 研究的不足与未来展望

不完全契约下剩余控制权对企业绩效的影响是一个非常复杂的问题，本书从生产阶段及出口需求弹性对中国制造业企业海外并购绩效的影响这一视角展开了初步的探索，还存在很多的不足和值得进一步研究的方面。以下分析本书存在的主要研究局限，以及与其相对应的今后可能展开的研究方向。

第一，理论研究方面，本书在分析剩余控制权对并购绩效影响的途径时，只考虑了剩余控制权对资产专用性的影响并购绩效这一途径，没有考虑其他可能的渠道。尽管本书指出，剩余控制权通过并购绩效产生影响，实质是全球化生产后企业的剩余控制权份额。目前，大部分关于剩余控制权作用的文献也集中于从一个单纯因素的影响角度切入，但也有少数文献指出，剩余控制权可以通过影响进出口附加值贸易以影响企业绩效。今后的研究可以从剩余控制权通过影响贸易附加值的途径继而影响企业并购绩效的角度来展开分析。

第二，本书对制造业企业海外并购绩效的测量方式采用了事件分析法的思路，用市场股价指标和财务指标来测量企业并购绩效，可能无法完整地刻画企业海外并购的效果。股份制改革前的企业在市场中的表现可能无法准确体现海外并购的绩效水平。企业海外并购为企业带来的价值的衡量是一个非常复杂的问题，包括并购后的整合效果，协同作用发挥的情况等。本书虽然采用了传统研究中最常见的方法测量，但可能无法完整地反映企业海外并购的效果。今后的研究可以尝试从其他更细的角度，如企业并购后的技术水平、市场占有率、成长性等，来衡量企业海外并购的绩效。

第三，本书对制造业企业剩余控制权的测度主要依据了前人方法计算的上游度及弹性值，未能更完善生产阶段的计算方法及准确计算每个产业的出口需求弹性。本书已经指出，不完全契约理论下的制造业企业的生产阶段及出口需求弹性表征的共同作用是一个较难解释的现象，目前对这一问题的大部分实证研究都相对宏观。今后的研究可以探索从其他角度更全面深入的进行微观的实证，进而更准确地把握企业生产阶段及出口需求弹性对剩余控制权、企业行为的影响。

参考文献

［1］安小雷. 企业间纵向一体化动机问题研究［D］. 成都：西南财经大学，2010.

［2］曹驰. 制度质量对中国企业出口行为的动态影响研究［D］. 武汉：中南财经政法大学，2017.

［3］曹西茹. 我国上市公司海外并购路径及绩效研究［D］. 济南：山东财经大学，2015.

［4］曹玉平. 出口贸易、产业空间集聚与技术创新——基于20个细分制造行业面板数据的实证研究［J］. 经济与管理研究，2012（9）：73-82.

［5］常健聪，朱瑞庭. 新视角下中国企业海外并购关键问题分析［J］. 经济问题探索，2015（7）：166-171.

［6］陈菲，潘微微. 我国服务外包与服务业 FDI 互动关系研究［J］. 对外经贸，2015（11）：27-31，134.

［7］陈景华. 异质性服务企业出口、FDI 与外包选择研究［D］. 济南：山东大学，2014.

［8］陈静，卢进勇，邹赫. 中国跨国公司在全球价值链中的制约因素与升级途径［J］. 亚太经济，2015（2）：79-84.

［9］陈晓静. 基于海外并购过程的我国企业创造性资产获取机制研究［D］. 武汉：武汉大学，2012.

［10］陈勇兵，陈小鸿，曹亮，等. 中国进口需求弹性的估算［J］. 世界经济，2014，37（2）：28-49.

［11］陈志超，谭旭. 中国制造业企业跨国并购绩效研究［J］. 现代商业，2015（11）：188-190.

［12］崔艳洁. 基于不完全契约理论的服务外包决策分析［D］. 镇江：江苏科技大学，2013.

［13］戴翔. 中国制造业出口内涵服务价值演进及因素决定［J］. 经济研究，2016，51（9）：44-57，174.

［14］戴翔. 中国制造业国际竞争力——基于贸易附加值的测算

[J].中国工业经济，2015（1）：78-88.

[15] 邓光耀，张忠杰.全球价值链视角下中国和世界主要国家（地区）分工地位的比较研究——基于行业上游度的分析 [J].经济问题探索，2018（8）：125-132.

[16] 邓培林，武振业，赵淑玲.中国跨国公司并购发展分析与对策 [J].财经科学，2003（S1）：333-335.

[17] 丁一兵，刘紫薇.中国制造业企业跨国并购能改善微观绩效吗——基于企业异质性和东道国特征的实证检验 [J].产业经济研究，2019（2）：1-12.

[18] 杜传忠，张丽.中国工业制成品出口的国内技术复杂度测算及其动态变迁——基于国际垂直专业化分工的视角 [J].中国工业经济，2013（12）：52-64.

[19] 杜群阳，徐臻.中国企业海外并购的绩效与风险：评价模型与实证研究 [J].国际贸易问题，2010（9）：65-71.

[20] 傅一瑶.制度质量、契约价值与中国企业海外并购成败 [D].天津：南开大学，2017.

[21] 顾静，茆训诚.企业社会责任对上市公司并购绩效影响的对比分析——基于外部性视角 [J].金融管理研究，2015（1）：93-103.

[22] 关春华.不完全契约理论对国际贸易理论的扩展及其对中国企业的启示 [J].企业经济，2010（2）：145-147.

[23] 郭秀慧.全球工序分工背景下跨国公司内部贸易利益分配研究 [D].沈阳：辽宁大学，2013.

[24] 韩立岩，王晓萌.我国上市公司股权收购公告的财富效应 [J].财经问题研究，2007（1）：66-72.

[25] 何先应.中国上市公司海外并购长期绩效研究 [J].商业时代，2009（18）：80-81.

[26] 何小钢.中国企业海外并购特征、动因及其优化策略 [J].国际贸易，2015（12）：15-19.

[27] 何玉梅，孙艳青.不完全契约、代理成本与国际外包水平——基于中国工业数据的实证分析 [J].中国工业经济，2011（12）：57-66.

[28] 何祚宇，代谦.上游度的再计算与全球价值链 [J].中南财经政法大学学报，2016（1）：132-138.

[29] 洪俊杰，林建勇，王星宇.新常态下"引进外资"与"对外投

资"两大战略关系再思考与协调研究 [J]. 国际贸易, 2016 (3): 22-26, 39.

[30] 洪联英, 陈思, 韩峰. 海外并购、组织控制与投资方式选择——基于中国的经验证据 [J]. 管理世界, 2015 (10): 40-53.

[31] 侯增艳. 产品内分工与贸易的决定因素 [D]. 天津: 南开大学, 2009.

[32] 季晓南. 产权结构、公司治理与企业绩效的关系研究 [D]. 北京: 北京交通大学, 2009.

[33] 蒋含明. 契约不完全、产品内国际分工与中国制造业真实贸易利得 [J]. 当代财经, 2018 (5): 102-112.

[34] 蒋含明. 中国制造业全球价值链利益分配机制研究: 契约不完全视角 [J]. 经济学动态, 2019 (2): 102-114.

[35] 鞠建东, 余心玎. 全球价值链上的中国角色——基于中国行业上游度和海关数据的研究 [J]. 南开经济研究, 2014 (3): 39-52.

[36] 雷新途. 基于不完备契约理论的股权契约冲突模式研究: 理论与实证 [J]. 经济科学, 2008 (3): 72-84.

[37] 李兵. 中国工业产业集中度研究 [D]. 长春: 吉林大学, 2008.

[38] 李波. 贸易便利化、产业集聚与企业绩效 [D]. 昆明: 云南大学, 2016.

[39] 李德震. 不完全契约与跨国公司生产组织模式选择 [D]. 天津: 南开大学, 2013.

[40] 李静凡. 基于不完全契约理论的并购溢价分析 [D]. 成都: 西南财经大学, 2008.

[41] 李君. 股权结构对我国上市公司并购绩效影响研究 [D]. 北京: 北京交通大学, 2007.

[42] 李坤望, 王永进. 契约执行效率与地区出口绩效差异——基于行业特征的经验分析 [J]. 经济学 (季刊), 2010, 9 (3): 1007-1028.

[43] 李善民, 余鹏翼. 中国企业海外并购的模式及战略选择——基于全球经济治理结构转变的视角 [J]. 南京社会科学, 2014 (12): 8-14.

[44] 李双金, 郑育家. 剩余控制权的不同形式及其对公司治理的影响 [J]. 上海经济研究, 2009 (12): 62-67.

[45] 李占国, 符磊, 江心英. 承接国际外包与国内就业——基于中国28个行业面板数据的实证研究 [J]. 山西财经大学学报, 2014, 36 (2):

27-36.

[46] 李中煜. 基于不完全契约理论的企业边界分析——以华中数控为例 [J]. 中国集体经济, 2009 (21): 89-90.

[47] 刘庆林, 廉凯. FDI 与外包: 基于企业国际化模式选择的对比分析 [J]. 经济学家, 2007 (2): 110-115.

[48] 刘文革, 肖园园. 契约质量与"一带一路"国家产业链提升研究 [J]. 国际经贸探索, 2016, 32 (5): 34-46.

[49] 刘文革, 周方召, 肖园园. 不完全契约与国际贸易: 一个评述 [J]. 经济研究, 2016, 51 (11): 166-179.

[50] 刘文正. 中国制造业上游度测度及影响因素分析 [D]. 沈阳: 东北财经大学, 2016.

[51] 卢进勇, 陈静, 王光. 加快构建中国跨国公司主导的跨境产业链 [J]. 国际贸易, 2015 (4): 4-10.

[52] 卢进勇. 从无到有——关于加快发展中国跨国公司的几个问题 [J]. 国际贸易, 2006 (2): 4-7.

[53] 卢仁祥. 新新贸易理论中的国际分工问题研究 [D]. 上海: 复旦大学, 2013.

[54] 陆瑶, 闫聪, 朱玉杰. 对外跨国并购能否为中国企业创造价值? [J]. 清华大学学报 (自然科学版), 2011, 51 (8): 1145-1154, 1160.

[55] 罗丽英, 郑兴. 人力资本与不同要素密集度行业的 OFDI 逆向技术溢出门槛效应——基于 19 个行业 2004—2013 年面板数据 [J]. 现代财经 (天津财经大学学报), 2015, 35 (12): 16-28.

[56] 罗群. 中国企业跨国并购的动机、控制权与并购绩效的关系研究 [D]. 广州: 华南理工大学, 2014.

[57] 吕朝凤, 支宏娟. 契约执行效率与地区工业投资差异——基于行业样本的实证研究 [J]. 当代财经, 2017 (12): 13-23.

[58] 吕新军, 胡晓绵. 我国工业行业国际外包率测算 [J]. 经济学家, 2010 (6): 60-66.

[59] 马文聪. 供应链整合对企业绩效影响的实证研究 [D]. 广州: 华南理工大学, 2012.

[60] 蒙大斌, 蒋冠宏. 中国企业海外并购与产业竞争力——来自行业层面的证据 [J]. 世界经济研究, 2016 (4): 31-41, 134-135.

[61] 倪中新, 花静云, 武凯文. 我国企业的"走出去"战略成功

吗？——中国企业跨国并购绩效的测度及其影响因素的实证研究 [J]．国际贸易问题，2014（8）：156-166.

[62] 聂辉华，李文彬．什么决定了企业的最佳规模？——关于企业规模的研究述评 [J]．河南社会科学，2006（4）：31-34.

[63] 聂辉华．对中国深层次改革的思考：不完全契约的视角 [J]．国际经济评论，2011（1）：129-140，6.

[64] 聂名华，罗爱华．诠释并购动机——跨国并购投资理论研究的新进展 [J]．国际贸易，2004（6）：47-50.

[65] 蒲华林．产品内国际分工与贸易的决定因素——基于中国零部件贸易数据的实证分析 [J]．国际贸易问题，2010（5）：3-11.

[66] 祁飞，李慧中．扩大内需与中国制造业出口结构优化：基于"母市场效应"理论的研究 [J]．国际贸易问题，2012（10）：3-16.

[67] 宋文娟．会计剩余控制权、会计信息质量与资本配置效率 [D]．武汉：华中科技大学，2013.

[68] 苏杭，李化营．行业上游度与中国制造业国际竞争力 [J]．财经问题研究，2016（8）：31-37.

[69] 唐铁球．中国制造业参与产品内分工与贸易的动因与收益研究 [D]．杭州：浙江大学，2011.

[70] 田颀．跨国并购的国际比较及对我国外资并购的启示 [J]．南开经济研究，2003（1）：56-58.

[71] 王春艳，程健．中国服务业 FDI 与服务贸易进口的替代关系 [J]．技术经济，2013，32（10）：106-111，133.

[72] 王海杰，李延朋．全球价值链分工中产业升级的微观机理：一个产权经济学的观点 [J]．中国工业经济，2013（4）：82-93.

[73] 王金亮．基于上游度测算的我国产业全球地位分析 [J]．国际贸易问题，2014（3）：25-33.

[74] 王书杰．中国企业海外直接投资的绩效研究 [D]．北京：中共中央党校，2016.

[75] 王铁栋．从价值链的全球布局来看中国企业跨国经营的组织设计 [J]．国际贸易，2007（12）：25-28.

[76] 王晓晨．契约执行效率与企业生产组织模式选择 [D]．厦门：厦门大学，2014.

[77] 王晓红．全球服务外包发展现状及最新趋势 [J]．国际贸易，

2011（9）：27-34.

[78] 王永进，李坤望，盛丹．契约制度与产业集聚：基于中国的理论及经验研究 [J]．世界经济，2010，33（1）：141-156.

[79] 王卓．我国行业分类与国际标准行业分类的比较研究 [J]．统计研究，2013，30（4）：15-20.

[80] 温丽琴，卢进勇，朱震峰．中国文化产业跨国并购现状、问题及对策研究 [J]．国际贸易，2015（3）：63-66.

[81] 项松林．中国开放型经济嵌入全球创新链的理论思考 [J]．国际贸易，2015（7）：9-17.

[82] 谢刚．不完全契约视角下企业控制权配置研究 [D]．长沙：中南大学，2010.

[83] 徐斌．不完全契约、专用性投资与纵向一体化 [J]．经济经纬，2013（1）：67-71.

[84] 徐娜，齐欣．全球价值链中的最优生产组织决策模型研究 [J]．经济问题，2015（1）：94-98.

[85] 徐娜．中国制造业企业全球价值链分工下的国际生产决策研究 [D]．天津：天津财经大学，2015.

[86] 严兵，李辉，李雪飞．中国企业海外并购：新特征及问题研究 [J]．国际经济合作，2014（2）：11-17.

[87] 杨畅，李寒娜．不完全契约、制度环境与企业绩效——基于上市公司的实证研究 [J]．山西财经大学学报，2014，36（9）：104-112.

[88] 杨丹辉．全球竞争格局变化与中国产业转型升级——基于新型国际分工的视角 [J]．国际贸易，2011（11）：12-18.

[89] 杨丽丽．国际化与企业绩效的理论及实证研究 [D]．镇江：江苏大学，2010.

[90] 杨瑞龙，聂辉华．不完全契约理论：一个综述 [J]．经济研究，2006（2）：104-115.

[91] 余宛泠．上市公司并购支付方式与并购方绩效研究 [D]．北京：中央财经大学，2015.

[92] 俞荣建．基于共同演化范式的代工企业 GVC 升级机理研究与代工策略启示——基于二元关系的视角 [J]．中国工业经济，2010（2）：16-25.

[93] 张建红，葛顺奇，周朝鸿．产业特征对产业国际化进程的影

响——以跨国并购为例 [J]. 南开经济研究，2012（2）：3-19.

[94] 张建红，周朝鸿. 中国企业走出去的制度障碍研究——以海外收购为例 [J]. 经济研究，2010，45（6）：80-91，119.

[95] 张杰，郑文平，陈志远，等. 进口是否引致了出口：中国出口奇迹的微观解读 [J]. 世界经济，2014，37（6）：3-26.

[96] 张金杰. 近期中国海外并购的主要特点、问题与趋势 [J]. 国际经济合作，2015（6）：29-34.

[97] 张景华. 公司治理结构中的控制权配置：基于不完全契约理论的视角 [J]. 经济论坛，2009（13）：4-6.

[98] 张立君. 不完全契约、资产专用性与最优企业所有权安排 [J]. 南开管理评论，2000（3）：28-32.

[99] 张庆昌，王跃生，张秋雨. 跨国公司海外生产与东道国产业链变迁——基于不完全契约理论的分析框架 [J]. 金融与经济，2017（11）：50-56.

[100] 张为付，戴翔. 中国全球价值链分工地位改善了吗？——基于改进后出口上游度的再评估 [J]. 中南财经政法大学学报，2017（4）：90-99.

[101] 张宇，蒋殿春. FDI、产业集聚与产业技术进步——基于中国制造行业数据的实证检验 [J]. 财经研究，2008（1）：72-82.

[102] 赵伟，古广东. 中国企业跨国并购现状分析与趋向预期 [J]. 国际贸易问题，2005（1）：108-111.

[103] 赵先进，彭瑞栋. 我国制造业企业境外并购时间进程、行业特征与区位分布 [J]. 商业研究，2015（4）：56-63.

[104] 郑琼娥. 基于全球价值网格构建的本土代工企业升级机理研究 [D]. 泉州：华侨大学，2014.

[105] 郑适，汪洋. 中国产业集中度现状和发展趋势研究 [J]. 财贸经济，2007（11）：111-117.

[106] 郑辛迎，聂辉华. 制度质量对国际贸易的影响——新制度经济学的视角 [J]. 政治经济学评论，2013，4（3）：129-143.

[107] 周辉燕. 中国上市公司跨国并购绩效及其影响因素的实证研究 [D]. 厦门：厦门大学，2017.

[108] 周丽虹. 业务外包与企业绩效——基于外包伙伴关系视角的实证研究 [J]. 金融经济，2010（8）：89-92.

［109］周士元．中国上市公司并购绩效评价及其影响因素研究［D］．郑州：河南大学，2012.

［110］竺彩华，钟茂洁．中国承接服务外包中的 FDI 因素研究［J］．世界经济研究，2008（9）：60-65，89.

［111］邹朝辉．企业并购动机对并购绩效影响的实证研究［D］．武汉：华中科技大学，2006.

［112］Acemoglu D，Johnson S，Mitton T. Determinants of Vertical Integration：Financial Development and Contracting Costs［J］．Journal of Finance，2009，64.

［113］Alesina A，Giuliano P. Culture and Institutions［J］．Journal of Economic Literature，2015，53（4）：898-944.

［114］Alston L J. The Economic Institutions of Capitalism：Firms Markets，Relational Contracting：Oliver E. Williamson，（The Free Press，New York，1985）［J］．Journal of Economic Behavior & Organization，1987，8（2）：316-318.

［115］Alt J E，Carlsen F，Heum P，et al. Asset Specificity and the Political Behavior of Firms：Lobbying for Subsidies in Norway［J］．International Organization，1999，53（1）：99-116.

［116］Andrew B，Bernard，et al. Intrafirm Trade and Product Contractibility［J］．The American Economic Review，2010.

［117］Antras P，Chor D，Fally T，et al. Measuring the Upstreamness of Production and Trade Flows［J］．American Economic Review，2012，102.

［118］Antras P，Costinot A. Intermediated Trade［J］．Scholarly Articles，2011，126（3）：1319-1374.

［119］Antras P，Helpman E. Global Sourcing［J］．Journal of Political Economy，2004，112（3）：552-580.

［120］Antras，Pol，Caballero R J. Trade and Capital Flows：A Financial Frictions Perspective［J］．Social Science Electronic Publishing，2009，117（4）：701-744.

［121］Antras，Pol，Rossi-Hansberg E. Organizations and Trade［J］．Annual Review of Economics，2009，1（1）：43-64.

［122］Antras，Pol. Grossman-Hart（1986）Goes Global：Incomplete Contracts，Property Rights，and the International Organization of Production

［J］. CEPR Discussion Papers, 2011, 30（suppl 1）: 25-32（8）.

［123］Antras, Pol. Incomplete Contracts and the Product Cycle［J］. American Economic Review, 2005, 95（4）: 1054-1073.

［124］Azemar C, Desbordes R. Has the Lucas Paradox been Fully Explained?［J］. Economics letters, 2013, 121（2）: 183-187.

［125］Baker G P, Hubbard T N. Make Versus Buy in Trucking: Asset Ownership, Job Design, and Information［J］. American Economic Review, 2003, 93.

［126］Baldwin J, Gu W. Export-market Participation and Productivity Performance in Canadian Manufacturing［J］. Canadian Journal of Economics, 2003, 36.

［127］Benjamin, Klein, Robert, et al. Vertical Integration, Appropriable Rents, and the Competitive Contracting Process［J］. Journal of Law and Economics, 1978.

［128］Bernard A B, Jensen J B. Why Some Firms Export［J］. Review of Economics and Statistics, 2004, 86（2）: 561-569.

［129］Buckley P J, Clegg L J, Cross A R, et al. The Determinants of Chinese Outward Foreign Direct Investment［J］. Journal of International Business Studies, 2009, 40（2）: 353-354.

［130］Buckley P J, Clegg L J, Cross A R, et al. The Determinants of Chinese Outward Foreign Direct Investment［J］. Journal of International Business Studies, 2009, 40（2）: 353-354.

［131］Buckley P J. International Integration and Coordination in the Global Factory［J］. Management International Review, 2011, 51（2）: 269-283.

［132］Chen Y, Feenstra R C. Buyer Investment, Export Variety, and Intrafirm Trade［J］. European Economic Review, 2008, 52（8）: 0-1337.

［133］Cherchye L, Verriest A. The Impact of Home-Country Institutions and Competition on Firm Profitability［J］. International Business Review, 2016, 25（4）: 831-846.

［134］Clougherty J A. Antitrust Holdup Source, Cross-National Institutional Variation, and Corporate Political Strategy Implications for Domestic Mergers in a Global Context［J］. Strategic Management Journal, 2005, 26（8）: 769-790.

［135］Coase R H. The Nature of the Firm［J］. Economica, 1937, 4

(16)：386-405.

[136] Colombo M G, Rabbiosi L. Technological Similarity, Post-Acquisition R&D Reorganization, and Innovation Performance in Horizontal Acquisitions [J]. Research policy, 2014, 43 (6)：1039-1054.

[137] Corcos G, Irac D M, Mion G, et al. The Determinants of Intrafirm Trade：Evidence from French Firms [J]. Review of Economics and Statistics, 2013, 95 (3)：825-838.

[138] Costinot A. On the Origins of Comparative Advantage [J]. Journal of International Economics, 2009, 77 (2)：0-264.

[139] Delgado M S, Mccloud N, Kumbhakar S C. A Generalized Empirical Model of Corruption, Foreign Direct Investment, and Growth [J]. Journal of Macroeconomics, 2014, 42：298-316.

[140] Du J, Lu Y, Tao Z. Contracting Institutions and Vertical Integration：Evidence from China's Manufacturing Firms [J]. Journal of Comparative Economics, 2012, 40 (1)：0-107.

[141] Du M, Boateng A. State Ownership, Institutional Effects and Value Creation in Cross-Border Mergers & Acquisitions by Chinese Firms [J]. International Business Review, 2015, 24 (3)：430-442.

[142] Egger H, Egger P. International Outsourcing and the Productivity of Low-Skilled Labor in the EU [J]. Economic Inquiry, 2006, 44.

[143] Fajgelbaum P, Grossman G M, Helpman A E. Income Distribution, Product Quality, and International Trade [J]. Journal of Political Economy, 2011, 119 (4)：721-765.

[144] Feenstra R C, Hong C, Ma H, et al. Contractual versus Non-contractual Trade：The Role of Institutions in China [J]. Journal of Economic Behavior & Organization, 2013, 94：281-294.

[145] Grossman G, Helpman E. Managerial Incentives and the International Organization of Production [J]. CEPR Discussion Papers, 2003, 63 (2)：237-262.

[146] Grossman G M, Helpman E, Szeidl A. Complementarities between Outsourcing and Foreign Sourcing [J]. American Economic Review, 2005, 95 (2)：19-24.

[147] Grossman G M, Helpman E. Outsourcing in a Global Economy

[J]. Review of Economic Studies, 2005, 72 (1): 135-159.

[148] Grossman S J, Hart O D. The Costs and Benefits of Ownership: A Theory of Vertical and Lateral Integration [J]. Journal of Political Economy, 1986, 94 (4): 691-719.

[149] Haleblian J, Finkelstein S. The Influence of Organizational Acquisition Experience on Acquisition Performance: A Behavioral Learning Perspective [J]. Administrative Science Quarterly, 1999, 44 (1): 29-56.

[150] Yi, Kei - Mu. Can Vertical Specialization Explain the Growth of World Trade ? [J]. Journal of Political Economy, 2003, 111 (1): 52-102.

后　记

在本书即将完成付梓之际，不禁让我回忆起学术生涯至今的学习、工作与生活，在江西财经大学的博士求学生涯中，有过太多的苦与乐，出现过无数次的迷茫、焦虑、孤独和无助，以至于每当回想起这些苦涩与辛酸，都不禁让我潸然泪下。在江西理工大学的教师生涯，虽时间不长，却遇见了很多良师益友。我得以顺利地转变自身的角色，离不开商学院领导和同事们的帮助与支持。学术生涯虽然艰辛，但值得庆幸的是，自己仍能坚定信念，努力地提高自己的专业素养和学术素养。再次向各位师长、好友表示最诚挚的感谢。

我的导师袁红林教授，学术精湛，为人谦和，爱护学生。老师将我引入经济学研究的大门，给我提供了大量的学习与实践机会；在生活中，老师的关心、爱护和谆谆教导深深地触动了我。老师学术上的严谨和事业上孜孜以求的精神将影响和激励我未来的工作与生活，他对我的关心和教诲更让我永远铭记。感谢我的良师益友蒋含明老师，还有最亲切热心的戴明辉老师。感谢学术生涯至今的众多同窗学友，我们在图书馆里做伴，在校园中踱步，在阳光下奔跑，也在深夜里对谈，低落时相互鼓励，进步时分享喜悦，感谢有你！

江西理工大学的各位领导和同事的支持与帮助同样也给我在前进中提供了动力。对初入高校的迷茫，朱嵩书记的教导与嘱托为我拨开迷雾；对学术方向的疑惑，朱文兴院长的信任与点拨为我指点迷津；叶前林院长、岳中心主任、李欣主任都为我解开生涯转型的困惑提供了莫大的帮助。承蒙一起工作的团队伙伴们不弃，我们一起讨论工作生涯的规划，时常相互帮助与提醒，让我快速融入新的团队，适应教学工作与生活，感谢各位的接纳包容和不吝赐教！

最后，我还要感谢家人的无私奉献与全力支持，父母、妻子、岳父岳母，以及给我的生活带来无比惊喜与喜悦，同时也是人生重责与前进动力的女儿。你们是我继续奋勇前进最坚实的后盾，是你们的包容与理解给了我学术生涯更多的鼓励和支撑。

　　感谢学术界前辈们的辛勤耕耘，给了后辈们丰富的资源和广阔的视野，我也将立志在这个传承的过程中发挥自己的作用。博士生涯的结束、教职生涯的开始，意味着已经迈向攀登学术天梯的坚实的第一步，在未来，我会加倍努力学习工作，以今日为起点继续前进。

许　越

2022 年 8 月于南昌